Mi verdadera historia

ISABEL PREYSLER

MI VERDADERA HISTORIA

ESPASA

Obra editada en colaboración con Editorial Planeta – España

Diseño de la portada: Planeta Arte & Diseño
Fotografía de portada: Antonio Terrón
Fotografías de interior y cartas: archivo de la autora; cortesía de © 2000-2025, HOLA S.L.; cortesía de © Porcelanosa; © Silvia Polakov; cortesía de © Felix Valiente y © Harper's Bazaar; © Gtress; © David Mudarra; cortesía de © JA Molina / Universidad Pontificia Comillas; cortesía de © Claudio Napolitano; © GTRESONLINE; © Juan Chávez; © César Lorenzo / Raw Photo Press; © Miguel Córdoba / Marina Press; © Marco Glaviano, para TELVA
Edición y fijación de texto: Pilar Vidal y Emma Lira
Especial agradecimiento a la revista *¡HOLA!* por su colaboración en la documentación de la obra

Bajo el sello editorial ESPASA M.R.
Avenida Presidente Masarik núm. 111,
Piso 2, Polanco V Sección, Miguel Hidalgo
C.P. 11560, Ciudad de México
www.planetadelibros.com.mx

Primera edición impresa en España: octubre de 2025
ISBN: 978-84-670-7879-4

Primera edición impresa en México: noviembre de 2025
ISBN: 978-607-39-3853-2

Impreso en los talleres de Litográfica Ingramex, S.A. de C.V.
Centeno núm. 162-1, colonia Granjas Esmeralda, Ciudad de México
Impreso en México – *Printed in Mexico*

A mis nietos, a los que adoro.

Índice

1
Junie Kalaw, más que un *playboy*

En Manila, como era lo normal a mi edad, mis amigas y yo quedábamos con los chicos a escondidas en el cine, bailábamos en los guateques o nos veíamos en el Polo Club. Pero, en mi caso, no llegué a tener una relación seria con ninguno de ellos aunque salí con Louie Ysmael y el tristemente fallecido Roberto (Bobbit) Santos. Aún hoy conservo algunos amigos de aquella época como Greggy Araneta y Buddy Roa, a los que todavía veo cuando voy a Filipinas. Pero sí quiero hablar de Junie, el hombre que puso en marcha el resto de mi vida, el que lo cambió todo para siempre, aunque de eso me diera cuenta más tarde.

A los dieciocho años y con la rebeldía a flor de piel, la adolescente que yo era entonces contenía a duras penas el deseo de protagonizar una gran historia de amor con un hombre atractivo, como era Maximo

«Junie» Kalaw. A las mujeres nos suelen resultar más atractivos los hombres, y más cuando somos jóvenes, cuanto más interesantes son las mujeres con las que han estado. Y Junie Kalaw era famoso en Manila por haber estado con las más guapas e interesantes. Decidimos que nadie debía enterarse de nuestro secreto. Nos pertenecía solo a los dos. Sin embargo, el destino quiso que todo mi mundo se me viniera encima un caluroso domingo de otoño, bajo un sol implacable, y frente a una avioneta que se negaba a volar. Esa avería provocó que mi vida diera un giro de 180 grados.

* * *

Me recuerdo muy asustada y angustiada en Caliraya, a las cinco de la tarde, observando cómo Junie, el hombre con quien me había fugado por un día —diez años mayor que yo, encantador para mí y un peligro según mis padres—, intentaba que arreglaran a tiempo la avioneta que nos había traído a su paraíso terrenal. El motor no arrancaba y las manecillas del reloj seguían su curso. Sin embargo, Junie, que no estaba nada preocupado, me decía que me relajara dándonos otro baño, mientras los mecánicos del pueblo intentaban solucionar la avería, para lograr que pudiera llegar a tiempo a Makati, el barrio de Manila donde yo vivía.

Si mis padres advertían que, en lugar de haber pasado el día en el Polo Club con mis hermanas, había estado con Junie en su casa de madera a orillas del lago de Caliraya, todo se complicaría horriblemente para mí. Apenas podía contener las lágrimas. No me salían las palabras. Se me hizo un nudo en la garganta y sufrí durante horas como solo pueden sufrir los adolescentes que se debaten entre la emoción del primer amor y la obediencia y el temor a sus padres. Me reprochaba, por ejemplo, no haber pensado en los imprevistos, en una avería, en un accidente que podía desbaratar los planes... Pero claro, tenía dieciocho años, y cuando estás enamorada esas cosas no se te pasan por la cabeza.

Junie Kalaw pertenecía a la alta sociedad de Manila. Su padre y su abuelo habían sido personas muy influyentes en el mundo de la ciencia y la política y él había recibido una educación exquisita. Tenía un futuro prometedor. Era un hombre seguro de sí mismo, inteligente, divertido, arriesgado y muy *cool*, algo que no era frecuente en aquella época. Nuestro amor, sin embargo, tenía un futuro incierto, porque Junie no les gustaba a mis padres. Él pensaba, y así me lo dijo, que mi familia no lo quería porque era filipino, aunque por mis venas corre sangre filipina, pero también española y austriaca. No obstante, esa no era la razón. De nada le servía haber estudiado en El Ateneo, la prestigiosa escuela de los jesuitas de Manila, ni haberse graduado en la Universidad de Nueva York. Para mis padres, el «título» que invalidaba al resto era el de *playboy*, fama que le precedía y de la que no podía escapar.

Yo seguía desesperada ante aquel motor que no arrancaba. Finalmente, Junie se rindió a la evidencia y buscó un coche que nos condujera a Manila, aunque tardaríamos varias horas en llegar. Ya estaba claro que era imposible que mis padres no se enterasen de lo que había hecho. Todo lo que sucedió allí fue el motivo por el que vivo en España desde el 1 de marzo de 1969.

Por Junie me sentí atraída desde la primera vez que coincidimos. Supo ganarse mi corazón, porque me hizo sentir única. Nos conocimos en una gala en la que hubo un desfile benéfico organizado por una señora importante de la sociedad filipina, Conching Sunico, muy amiga de mis padres. A lo largo de mi vida he desfilado varias veces y siempre con fines benéficos y en ningún caso profesionalmente como se ha llegado a decir.

Desde la pasarela me di cuenta de que, cada vez que pasaba por delante de una mesa, un atractivo chico con esmoquin blanco se ponía de pie y me aplaudía con un entusiasmo que me hacía reír. Era Junie Kalaw, quien, al terminar el desfile, se presentó ante mí con una seguridad arrolladora. Sin el menor titubeo y mirándome a los ojos me dijo: «Quiero volverte a ver». Hice como que no le oía.

Durante las siguientes semanas no supe nada de él, hasta que por un azar caprichoso del destino, en esos días fui elegida una de las cinco mujeres más guapas de Manila por el prestigioso Bachelor's Club. ¿Y quién sino Junie podía ser miembro de ese club de solteros de oro? Tras este reencuentro, empezaron a llegar decenas de ramos de flores que inundaron mi casa, llamadas a deshoras y apetecibles invitaciones al cine y a merendar con amigas, que rechacé al principio pero que acepté más tarde. Me enamoré perdidamente de Junie.

No compartí con nadie mi decisión de la escapada a Caliraya, ni siquiera con mis hermanas y aunque ellas eran mis cómplices y compañeras leales, preferí no involucrarlas en los preparativos.

Metí mi bikini y algo más de ropa en la bolsa que habitualmente llevaba al Polo Club. Como un día más, me subí al coche junto a Victoria y Beatriz. Ellas mantuvieron una animada conversación y yo permanecí en silencio. Cuando el chófer nos dejó en la entrada del club, puse alguna excusa para no entrar con ellas. Les pedí discreción: que no dijeran nada a nadie y que no se preocuparan y les prometí que a las seis en punto, la hora a la que nos recogían siempre, estaría de vuelta. Mis hermanas respetaron mi decisión y guardaron silencio. Como me conocían, porque ya habían sido testigos en varias ocasiones de mi rebeldía, sabían que por muchas preguntas que me hicieran y por mucho interrogatorio de tercer grado al que me sometieran, yo permanecería firme y no revelaría mi gran secreto.

Minutos después de perder de vista a Victoria y Beatriz, el motor de un coche frenó a mi lado. Junie Kalaw, con gran sonrisa, se bajó, me abrió la puerta y me invitó a sentarme a su lado. Me subí sin pensármelo dos veces, con la seguridad que me daban mis dieciocho años recién cumplidos.

Una vez en el aeródromo, nos subimos a bordo de la avioneta. Ya no había vuelta atrás, la suerte estaba echada. Durante el vuelo, se disiparon las pocas dudas que me quedaban y el cielo de un azul maravilloso me hacía creer que nada malo podía pasar. De vez en cuando su mano derecha soltaba los mandos para coger la mía, de una manera que me hacía sentir que no era una más de sus conquistas. Aquel viaje duró algo más de media hora. Junie terminó por conquistarme con su capacidad para hacerme sentir cómoda, querida y protegida. Mientras pilotaba, me explicaba pacientemente cada uno de los accidentes geográficos y la exuberante vegetación que sobrevolábamos, y me enumeraba las bondades del lago Caliraya, creado por el hombre en 1939.

Una vez en nuestro destino, aterrizó en una pequeña pista. Bajamos de la avioneta y me condujo hacia su refugio, una encantadora casa de madera de una sola planta colocada sobre pilares, a orillas del lago. Tenía altos techos, amplios ventanales, flores en todos los rincones, muebles de bambú, un porche y a lo lejos un pequeño embarcadero.

Nos bañamos en el lago, nadamos y nos secamos al sol. Me sentía totalmente feliz en la calma total del mediodía. Junie había pedido al matrimonio que cuidaba su casa que nos preparase una comida de la que solo recuerdo un pancit, plato típico filipino. Después vino la sobremesa. Era un gran conversador, sabía contar historias y atraparte en ellas. Me recomendó películas, hablamos de sus cacerías en África, donde había llegado a contraer la malaria, y de sus otros muchísimos viajes llenos de aventuras. Me dejó deslumbrada la posibilidad de conocer un mundo infinito de belleza inabarcable a su lado.

Mientras charlábamos llegó una mujer del pueblo cercano con un regalo para él, en agradecimiento por haberla ayudado a dar a luz un par de semanas antes. El médico no llegaba a tiempo y Junie la ayudó a traer al mundo a su hijo, cortándole incluso el cordón umbilical. Me impresionó mucho la historia y mi admiración hacia él creció aún más.

Cuando nos volvimos a quedar solos, me invitó a entrar de nuevo a la casa y supe que iba a ocurrir algo que por un lado yo deseaba y que sabía que él iba a intentar. Me dejé llevar, porque en ese momento era una adolescente que de la vida solo sabía vivirla. Él se sorprendió al comprobar que era mi primera vez. Y de esa primera vez guardo un recuerdo lleno de ternura y cariño, que lo hizo inolvidable.

Pero la felicidad dura poco. Cuando al cabo de un rato salimos de la casa para volver al jardín, apareció uno de los mecánicos para darle a Junie la mala noticia de que no podíamos regresar en la avioneta porque, finalmente, no habían conseguido arrancar el motor. Mis esperanzas de ocultar a los ojos de mis padres nuestra aventura se desvanecieron. Junie encontró un coche para volver por carretera. Si el viaje de ida al paraíso había tomado algo más de media hora, el regreso demoraría al menos cuatro horas por carreteras muy estrechas con algunos tramos devorados por la vegetación. A medida que nos acercábamos a Manila y la luz del atardecer daba paso a la oscuridad, mi angustia aumentaba, yo no paraba de repetir una y otra vez:

—¡Mis padres me van a matar!

Junie mantuvo la calma que yo había perdido definitivamente desde que me senté en aquel coche.

—Isabel, si te vas a poner tan nerviosa, nos casamos y ya no te podrán decir nada.

Sabía perfectamente que sus palabras eran solo para tranquilizarme, aunque pienso que se podía haber casado conmigo si llego a decirle que sí. Pero no porque él lo desease, sino para evitarme la tormenta que se me venía encima en ese momento.

Estaba tan angustiada que no recuerdo si nos despedimos. Llamé al timbre, me abrieron y un silencio sepulcral me acompañó a través del jardín hasta llegar a la puerta del salón. A pesar de la hora mis padres seguían perfectamente vestidos. No se levantaron de los sillones ni hicieron el más mínimo ademán de acercarse a mí. Mis hermanas debían estar agazapadas en la escalera tratando de escuchar la regañina. Me mantuve en silencio, muerta de miedo. «¿Dónde has estado estas horas sin que supiéramos nada de ti?», me preguntaron varias veces, ante la falta de respuesta por mi parte. Después comenzó entre ellos una fuerte discusión. Debatieron acaloradamente sobre mi futuro, sobre cómo poner fin a mi rebeldía, sobre cómo enderezar mi conducta, sobre... qué vida deseaban para mí. Y me mandaron a mi cuarto castigada dos semanas sin salir de mi habitación, a la que hasta me subían la comida. Al día siguiente me comunicaron que habían decidido que me mudara a España para vivir con tío Miguel Pérez-Rubio y con tía Tessie, la hermana más cercana a mi madre.

Según su lógica, la distancia física provocaría el distanciamiento entre Junie y yo. Mi padre y mi madre se confabularon para intentar lograr algo que a mí esos días me parecía un imposible: que me olvidara de mi primera historia de amor seria, que cerrara el capítulo de Junie, para que ellos vivieran los próximos años sin sobresaltos y con la certeza de que su hija no volvería a verse con aquel *playboy* que no era bienvenido en la familia.

Durante mi castigo, ellos organizaron toda la logística del viaje: qué día volar, cuántas maletas me llevaría, quién me acompañaría y cómo vigilarme tanto en el trayecto como una vez instalada en Madrid. Esas dos semanas, lejos de distanciarme de Junie, me hicieron pensar más en él, en todo lo que había ocurrido en Caliraya y en aquel romántico episodio que tanto se complicó por la avería de la avioneta. Dediqué muchas horas a pensar en él y a rememorar una historia de amor llena de magia. A los quince días de reclusión, mis padres pensaron que ya había tenido bastante castigo y, por fin, me dieron permiso para salir con unas amigas. Tan pronto como pude, hablé por teléfono con Junie y planeamos nuestro reencuentro.

Salí con ellas, pero enseguida las abandoné con mil excusas para volver con quien quería estar: Junie. Me recogió en el punto acordado y me llevó a su casa, en una colina a las afueras de Manila. Desde allí, se divisaban las luces de la ciudad como minúsculas luciérnagas que alegraban la noche. Él había invitado a unos amigos en común. Fue una cena divertida, de la que sobre todo recuerdo los nervios y la ilusión de estar cerca de Junie. En un momento dado nos alejamos del resto del grupo para estar solos. Esta vez hubo más pasión, pero la misma ternura y el mismo amor. Lo recuerdo como un momento maravilloso e inolvidable aunque al final se nos mezcló en él algo de tristeza, porque nos temíamos que este segundo encuentro podría ser el último.

Un día después vino a comer a casa como hacía regularmente el padre Achútegui, director espiritual de mi madre; el jesuita vasco en quien ella tenía depositada toda su confianza. Su visita, por lo tanto, no era inusual, pero ese día traía entre manos una misión que cumplió a rajatabla: debía convencerme de que mis padres estaban en lo cierto y que dejar Manila era la mejor opción para una adolescente como yo. Lo recuerdo sentado en uno de los sillones del salón, vestido con su larga sotana blanca y su alzacuellos, mirándome con indulgencia a través de sus gafas de gruesos cristales. El padre Achútegui me ofrecía una tregua, la invitación a que obedeciera a mis padres sin pensar que todo estaba perdido.

—Isabel, súbete a ese avión. Si dentro de dos años sigues queriendo a este chico, yo mismo te caso. Me comprometo a ello.

Cuando eres joven, dos años equivalen a un larguísimo período de tiempo, aunque lo que me había prometido el padre Achútegui era un seguro para regresar a Manila y un pasaporte hacia la libertad y la felicidad. Accedí. Tan pronto como acepté su propuesta conciliadora, mi suerte ya estaba echada.

Mis padres no se fiaban de mí y acordaron que dejarme viajar sola implicaba un peligro. No quisieron correr riesgos y mi madre me acompañó durante el viaje hasta dejarme a buen recaudo en casa de tío Miguel y tía Tessie. Llegamos a Madrid el 1 de marzo de 1969.

Me despedí de mi familia en el aeropuerto de Manila. A mi madre y a mí nos esperaban un sinfín de horas de viaje con dos escalas: Bangkok y Ámsterdam. En los momentos de mayor tristeza, pensaba en las palabras del padre Achútegui. En dos años regresaría para que Junie y yo nos jurásemos amor eterno. Una vez en la sala de embarque y minutos antes de subir al avión, una azafata comenzó a llamarme: «Isabel Preysler, ¿*miss* Preysler?». Muerta de vergüenza, levanté la mano. «Acompáñeme, por favor —susurró en mi oído—, el señor Kalaw la está esperando en una oficina de la planta superior». Milagrosamente, mi madre, que en esos momentos estaba hablando con unos amigos que iban a hacer el mismo viaje que nosotras, no se dio cuenta de nada. Seguí a la azafata, que me condujo hacia Junie. Tan pronto como lo vi, rompí a llorar. Estaba muy elegante con su guayabera de lino blanco. Me dio un enorme ramo de flores mientras pronunciaba la siguiente frase: «Isabel, te quiero mucho. No te marches». Pero no me quedó más remedio que despedirme de él, reunirme con mi madre y tomar ese vuelo. Subí al avión, me ajusté el cinturón y lloré todo el trayecto.

Cuando aterrizamos en Bangkok y mientras esperábamos el avión que nos llevaría a Ámsterdam, otra azafata pronunció mi nombre en alto. Levanté la mano de nuevo y me hizo entrega de otro ramo de flores y un telegrama del único remitente posible: «Te quiero mucho». Stop. «Vuelve». Stop. «Te espero». Stop. «Ya te echo de menos. Junie».

Ya en Ámsterdam, mi padre llamó a mi madre muy alarmado. Le pidió que extremase la vigilancia porque Conching Sunico le había dicho que se rumoreaba que Junie había decidido seguirnos a Madrid. Él no llegó a venir, pero sí recibí nuevas palabras de amor en un telegrama y otro nuevo ramo de flores.

A partir de entonces, Madrid, una ciudad amable y divertida, se asoció con mis padres para que, poco a poco, lograra olvidar a Junie. Madrid resultó ser un antídoto perfecto para mi corazón roto. Esta ciudad y mis nuevas amigas me abrieron paso a un mundo nuevo. Mi relación con Junie se enfrió, aunque durante un tiempo mantuvimos el contacto.

Ahora, después de tantos años entiendo que tratar de olvidar forma parte de la vida, y también he aprendido que las personas que pasan por ella, para bien o para mal, marcan nuestro camino. Y esa huella es silenciosa, pero perdurable.

* * *

Junie y yo recorrimos caminos muy diferentes. Apenas mantuvimos contacto a lo largo de los años, pero tres décadas después de aquel invierno de 1969, nuestras vidas se cruzaron de nuevo tras una llamada suya. Yo ya estaba casada con Miguel Boyer. La voz de Junie sonaba algo más débil que la que recordaba. Me contó que su estado de salud era delicado, que deseaba viajar a Madrid y que le encantaría que nos viéramos. Organicé cuidadosamente su viaje para que estuviera lo más cómodo posible. Mi chófer lo recogió en el aeropuerto y lo llevó a un hotel a las afueras de Madrid para alejarle del jaleo de la ciudad. Hablé con el dueño de la cadena, Antonio Catalán, al que siempre le estaré agradecida por lo bien que lo cuidaron y por hacer que se sintiese como en casa. Organicé una cena y un almuerzo para que conociera a Miguel y a algunos amigos nuestros, como Terenci Moix, que esos días estaba en Madrid. Pasé a buscarlo al hotel conduciendo mi coche. En la radio comenzó a sonar *Sound of Silence,* de Simon & Garfunkel: «Hello darkness, my old friend / I've come to talk with you again». Tanto él como yo experimentamos un *flashback.* Este fue el único momento en que pudimos estar solos. Él se sinceró sobre la gravedad de su enfermedad, un cáncer de páncreas en fase terminal. Como pude, intenté animarle, y mostrarle todo mi apoyo y cariño. Aunque habían pasado tres décadas, su dolor me dolió en lo más profundo. Me contó que muchas veces había querido reencontrarse conmigo y si no lo hizo fue porque algunas de mis amigas, ante mi asombro, le habían desaconsejado que lo intentara: «Isabel ya es muy famosa en España y te va a ser imposible verla».

Madrid le brindó a Junie unos días reconfortantes. Mi hermana Beatriz e Isabel Brías se convirtieron en sus inseparables guías de museos y restaurantes durante los días buenos de Junie, cuando su delicada salud le permitía caminar por la ciudad. Una tarde, di un precioso paseo por el parque del Oeste junto a él y mi amiga de la infancia Mariliz del Azar, hija de los embajadores de Argentina en España. Guardaré siempre en mi memoria ese momento con tristeza y emoción.

Junie había tenido todas las novias del mundo, pero no se casó nunca. El día que volvía a Nueva York desde Madrid, me pude despedir de él en la sala de embarque de Barajas, gracias a un buen amigo que me permitió el acceso y acompañarle hasta el avión. Su fragilidad, mezclada con una gran dignidad, me conmovió. Le prometí que en otoño, la época más bella del año en Manhattan, iría a Nueva York a verle. Empezó a llamarme después de su tratamiento en el Sloan Catering Cancer Center. Me informaba de sus avances y silenciaba sus retrocesos. En septiembre, cumplí mi promesa. Se me cayó el alma a los pies cuando lo vi. Había perdido mucho peso, caminaba lentamente, con un gesto de dolor constante, pero ahí estaba: enfrentándose a la batalla más difícil de toda su vida sin una queja. Le aseguré que regresaría en noviembre para compartir otros días juntos.

La tarde anterior al 1 de noviembre de 2001, una llamada de teléfono rompió mi alma en dos. La voz de Junie pendía de un hilo: «Esta será la última vez que hable contigo. Te llamo para despedirme, porque me estoy muriendo». Horas más tarde y ya en mi cama sin poder dormir después de esa conversación telefónica tan desgarradora, noté una energía extraña, miré el reloj y eran las 3:30 de la madrugada. Un amigo me confirmó días más tarde que esa fue la hora exacta de la muerte de Junie.

En Nueva York, en la sede de Naciones Unidas, se convocó un emotivo funeral en memoria de Maximo «Junie» Kalaw. Su sobrina, Lin Bildner, compañera de mi colegio de La Asunción y gran amiga mía, que le cuidó hasta el final, organizó una ceremonia para celebrar su intensa vida. Junie había sido CEO de Earth Council, una empresa con sede en Costa Rica y Nueva York, donde trabajaba en proyectos para la conservación y sostenibilidad en diversos países del mundo. Antes en Filipinas ya había llevado a cabo unos programas similares, junto a Patricia Araneta, colaboradora suya durante muchísimos años y también compañera mía del colegio, al igual que su hermana Elvira, que estaba en mi clase y éramos amigas íntimas. Esta labor de Junie siempre será recordada. Había quedado previamente con mis hijas para pasar unos días juntas en Nueva York, así que les pedí que me acompañasen al funeral. Chábeli voló desde Miami y Tamara llegó desde Massachusetts donde estaba estudiando en Stoneleigh-Burnham.

Me pidieron, al igual que a Doris Ho, una reconocida empresaria filipina, que durante la ceremonia encendiera una vela. También a Michael Lerner, presidente de la Jenifer Altman Foundation, que vivía en California y a Steven Rockefeller. Peggy Dulany, la cuarta hija de David Rockefeller y una de las filántropas americanas más relevantes, cerró la ceremonia con unas emotivas palabras: «Amigos, ahora tenemos que dejar a Junie descansar. Lo hará, si redoblamos nuestros esfuerzos para hacer realidad el sueño que él nos ayudó a adoptar. En cuanto a su parte más personal dedicó tanto tiempo de su vida al trabajo que no consiguió construir una relación estable. El gran regalo que recibió en sus últimos meses de vida fue reencontrarse con el amor que él había estado persiguiendo, y creo profundamente que esto le ayudó a irse más en paz».

2
Dos soldados en busca de prosperidad

De niña, cuando los adultos contaban las aventuras y desventuras de los Arrastia y de los Preysler, no perdía ningún detalle de las vidas que protagonizaron mis antepasados. Conservo fotografías en unos antiguos álbumes de mi madre encuadernados en piel y, en ocasiones, paso con cuidado las páginas, evito arrugar el papel de seda que las separa, y me sumerjo en ese mundo de imágenes capaces de revivir las historias de los que ya no están a mi lado y a quienes no tuve la oportunidad de conocer.

Mi bisabuelo se llamaba Valentín Arrastia y tenía alma de aventurero. Provenía de una familia humilde de campesinos de Allo, una localidad navarra de apenas mil habitantes. Seguramente nunca se había imaginado a sí mismo surcando los mares sin pisar tierra firme. El 1 de noviembre de 1883, dos días antes de cumplir los diecinueve años, se embarcó con poco más de lo puesto como soldado de infantería en el Valencia, un navío con destino a Filipinas. Cuando levaron anclas no podía imaginar lo que iban a suponer para su vida los casi 12.000 kilómetros que lo separarían de su Navarra natal.

Filipinas, un archipiélago del Sudeste asiático formado por más de 7.000 islas, una tierra volcánica, candente, de gran inestabilidad e incertidumbres políticas, aunque también una tierra prometida de extraordinaria riqueza natural, se había incorporado a la Corona de España en 1565, como provincia de ultramar, con la llegada desde México de la expedición al frente de la cual estaba Miguel López de Legazpi. Pero los afanes independentistas provocaron una serie de revueltas, que desembocaron en la Revolución filipina de 1896.

En 1883, el capitán general Joaquín Jovellar Soler solicitó tropas para controlar a los primeros insurrectos. Mi bisabuelo se alistó en el Ejército español, como hicieron otros jóvenes con ambiciones. Entre ellos, el soldado Francisco Reinares, natural de Alberite, un pueblo de La Rioja. Durante la travesía, Valentín y Francisco entablaron una amistad inquebrantable que duró para siempre. Lucharon juntos para defender los intereses de la colonia española, y tras cumplir con su misión militar, buscaron dónde establecerse para alcanzar la prosperidad. Finalmente, se afincaron en La Pampanga, una región de tierra fértil, ubicada en la isla de Luzón, rica en plantaciones de arroz y azúcar. Trabajaron de sol a sol como braceros, se dedicaron al cultivo de la caña de azúcar, demostraron una gran habilidad para los negocios, lograron comprar pequeñas propiedades en la península de Bataán y aún tuvieron tiempo de enamorarse de dos ricas herederas nativas: Francisca Salgado y Emerenciana Rodríguez.

Después de un largo noviazgo, mis bisabuelos se casaron en Lubao, una de las ciudades importantes de la isla de Luzón, y su amigo Francisco lo hizo con Emerenciana. Desde entonces, los Arrastia y los Reinares dominaron una gran parte de las plantaciones de La Pampanga y de Bataán. Así se hizo realidad el destino de los dos amigos que supieron luchar contra la adversidad y disfrutar de la posición que alcanzaron a través de sus matrimonios y su trabajo, como terratenientes influyentes, en el desarrollo próspero de la zona.

Los peligrosos volcanes de Luzón siempre han sido una amenaza para las tierras de cultivo y sus habitantes. Pinatubo, Taal y Monte Mayón, considerado el cono más perfecto del mundo, no eran el único peligro, ni siquiera el mayor. Los españoles, derrotados por los estadounidenses en la batalla de la Bahía de Manila, firmaron el 10 de diciembre de 1898 el Tratado de París, por el que vendían Filipinas a Estados Unidos por la simbólica cantidad de veinte millones de dólares. Después de trescientos años, cedían a los estadounidenses la soberanía de un país que quisieron como el suyo propio.

Soldados como mis bisabuelos Valentín y Francisco formaron parte de una generación de hombres fuertes, valientes y determinados, capaces de heroicidades que han pasado a la historia. Cuando todo parecía perdido para los españoles, un grupo de soldados resistieron durante 337 días el asedio de los insurrectos en la iglesia de Baler. A los últimos de Filipinas les respetaron hasta sus adversarios. En 1899, tras la capitulación definitiva, muchos españoles abandonaron el país, pero mis bisabuelos se quedaron porque habían echado raíces.

Valentín Arrastia había formado una familia que le llenaba de satisfacciones, pero también de algún que otro disgusto, especialmente los que le causaba su hijo, mi abuelo José, quien se casó con Teodorica Reinares, la hija de su íntimo compañero.

La boda de mis abuelos maternos fue uno de los acontecimientos sociales más relevantes de La Pampanga. Gracias a ese enlace, dos de las grandes fortunas de la región se unieron para siempre. A pesar de la alegría con que se vivió ese día, mi abuela Teodorica no disfrutó de un matrimonio feliz. Todo lo que su marido tenía de guapo también lo tenía de cabeza perdida. Ludópata, mujeriego y aficionado a la bebida, mi abuela sufrió durante años los desplantes y las infidelidades amorosas de su marido.

Como estaba muy enamorada de él, durante años se esforzó por reconquistarlo. Se arreglaba con todo detalle y confiaba en las mejores modistas de la época para que le confeccionaran la ropa más favorecedora, pero él continuaba con aventuras que daban mucho de qué hablar.

Mi abuela, una mujer profundamente religiosa, cumplió como madre ejemplar de sus nueve hijos. Me imagino que pasaría muchas noches en soledad, esperando la vuelta a casa de su marido. Y que se le rompería el corazón al escuchar los cotilleos sobre las historias extraconyugales de mi abuelo; como por ejemplo, la que mantuvo con Carmen Salvador, una bailarina con quien tuvo una hija, Neile Adams, que creció en Estados Unidos, donde fue actriz y se casó con Steve McQueen, un ídolo en los años setenta, protagonista de clásicos como *Bullit*, *El coloso en llamas* o *Los siete magníficos*, que murió en México, en Ciudad Juárez, en noviembre de 1980, a causa de un cáncer de pulmón.

Mis compañeras de colegio fueron las que me informaron muy ilusionadas de que McQueen era mi tío. ¿Cómo era posible que todas lo supieran menos yo? Cuando pregunté en casa, mis padres negaron categóricamente esta historia. Como ocurre en cualquier familia, hay ciertos temas que los niños no deben saber y este era uno de esos.

Chábeli habló varias veces por teléfono con Neile cuando vivía en California. Ella le comentó a mi hija que deseaba reunirse con sus hermanas Arrastia y también conmigo. Lo hablé con mi madre, pero se negó a este encuentro: «Mamá sufrió mucho en vida por las infidelidades de tu abuelo, y yo nunca le haría a ella una cosa así». Al final, solo tía Lily, que vivió una temporada en Estados Unidos, se reunió con Neile Adams. Me enteré por la prensa de la muerte de su hija y de unas declaraciones en las que me acusaba de haber vetado una entrevista suya sobre su pérdida en la revista *HELLO!*, algo absolutamente falso, puesto que yo no tenía ninguna información sobre su vida, menos aún sobre la tragedia que le había ocurrido y ni tampoco la intención, el poder ni el menor motivo para impedir ningún artículo de esa publicación.

* * *

Volviendo a la historia de mi abuelo José, mi bisabuelo Valentín, cansado de la mala cabeza de su hijo durante su juventud y dispuesto a enderezarlo y a guiarlo por el camino correcto, durante un viaje a su Navarra natal para pagar unas deudas de la familia, invitó a un grupo de seminaristas navarros a Filipinas. La desesperación le llevó a pensar que aquellos jóvenes religiosos serían una buena influencia para su hijo y no escatimó en gastos. Ellos no solo vivieron en la hacienda familiar de los Arrastia, sino que mi bisabuelo también les pagó sus estudios.

Conocí esta parte de la historia porque muchos años después, cuando ya residía en Madrid y estaba casada con Julio, recibí la llamada de un sacerdote mayor en mi casa de Profesor Waksman que había leído una noticia publicada sobre mí, en la que venía mi apellido Arrastia, y tenía interés en encontrarse conmigo. Le invité a casa y me habló con profundo afecto de sus años en Filipinas:

—Isabel, debo todo lo que he tenido a tu bisabuelo. Hicimos lo que pudimos por encauzar a su hijo, pero fue imposible. Era un bala perdida.

Por esas vueltas curiosas que da la vida, aquel sacerdote, agradecido a mi familia, acabó bautizando en Madrid a mi hija Chábeli, el 30 de octubre de 1971.

Mi bisabuelo Valentín Arrastia fue un hombre excepcional. Consciente de sus orígenes y de su buena suerte, dio sobradas muestras de bondad y generosidad. Entre ellas con la familia de Diosdado Macapagal, quien fuera presidente de Filipinas entre el 30 de diciembre de 1961 y el 30 de diciembre de 1965. En más de una ocasión, el propio presidente contó que mi bisabuelo le había regalado su primer par de zapatos y le había costeado los estudios, porque sus padres trabajaban en la plantación de mi familia.

Gloria Macapagal Arroyo, la hija mayor de Diosdado, fue compañera mía en el colegio de La Asunción, en donde destacó notablemente en todas las asignaturas. Se licenció en Georgetown y en 2001, siguiendo la vocación política de su padre, fue elegida presidenta de Filipinas. Sin duda alguna, esta familia supo valorar y devolver con generosidad a los demás las oportunidades que la vida le ofreció. No sucedió así en el caso de mi madre, Beatriz (o Betty como cariñosamente la llamaban en familia), y de sus seis hermanas: tía Tessie, tía Mercy, tía Elvira, tía Stella, tía Lily y tía Baby. Siempre comentábamos con mi madre, entre risas, que a pesar de que tomaron clases de ballet, no aprendieron ni las posiciones esenciales; y aunque tuvieron profesor de piano, solo lograron tocar una pieza. Siento que no hubieran querido formarse y estudiar más, pero también es cierto que la infancia de todas ellas, junto a las de sus dos hermanos, Francisco y Valentín, transcurrió en una inmensa hacienda de estilo colonial, con todo lo que un niño pudiera desear. Por otro lado, en aquella época, las mujeres de buena posición económica eran educadas para casarse y ser buenas esposas, madres y amas de casa y no para que aspirasen a un trabajo fuera del hogar.

No quiero dejar de contar las dificultades que sorteó mi familia en la década de los cuarenta del siglo pasado. Filipinas sufrió lo indecible durante la Segunda Guerra Mundial y mi familia vivió en carne propia el horror del conflicto bélico.

El 8 de diciembre de 1941, un día después del ataque a Pearl Harbor, Japón comenzó la invasión de Filipinas. Y el terror, la angustia y la tragedia no acabaron hasta el 15 de agosto de 1945, con la rendición incondicional de Japón.

Antes de la guerra, mi madre era entonces una adolescente y mis abuelos pensaron que lo mejor para ella, y luego para sus otras hermanas, sería enviarlas internas a Santa Escolástica, un colegio de monjas benedictinas de Manila. Mi madre, la mayor de las chicas Arrastia Reinares, fue la primera en dejar la hacienda. En un principio, no iba a ser por mucho tiempo. Mis abuelos trazaron un minucioso plan para su futuro: primero se educaría y después se casaría con Joe de León, un chico conocido de La Pampanga, hijo de unos íntimos amigos. Los planes se vinieron abajo tan pronto como mi madre conoció a mi padre, Carlos Preysler. Se enamoraron perdidamente, sin remedio, a primera vista. Quién le iba a decir a mi madre que una salida inocente con sus compañeras del internado la pondría frente al hombre de su vida, aquel con el que compartió más de 50 años y con quien tuvo a sus seis hijos.

Los Preysler proceden de Austria. Vivieron en España y en 1830 emigraron a Filipinas, e hicieron dinero gracias a las plantaciones azucareras. Aunque mis padres tenían en común la sangre española y una infancia entre ingenios azucareros, su relación no fue aceptada al principio por ninguna de las dos familias. En el caso de los Arrastia porque, como ya he contado, querían a toda costa casar a mi madre con Joe de León. Por parte de los Preysler, la oposición inicial se debió a una pura discriminación racial debida a la sangre filipina que corría por las venas de mi madre.

Mi abuela paterna, Carmen Pérez de Tagle, era una señora acomodada que residía en Dumaguete, una colonia española de la provincia de Negros Oriental, donde vivían muchos miembros de la alta sociedad de Manila. Cuando su marido, Fausto Preysler, falleció, tenía cuarenta años y cuatro hijos.

Las trabas y problemas que encontraron mis padres para estar juntos, les unieron aún más. Lucharon como jamás habían imaginado, por mantener intacto el amor que sentían el uno por el otro. Se fugaron para casarse en secreto en una iglesia de Manila, la antigua capilla barroca de Malate, lo que provocó el asombro de todos sus amigos y el disgusto de sus respectivas familias. Los que conocieron a mi madre, saben que aquel acto de rebeldía fue su mayor compromiso y un atrevimiento del que jamás se arrepintió. Fue lo más romántico pero no lo más arriesgado que hizo mi madre, ya que eso tuvo lugar en Manila cuando los japoneses entraron a inspeccionar la casa de mi abuela Carmen en la que estaban viviendo mis padres.

Unos meses antes a Carlos Preysler, primo de mi padre, le había asesinado el Ejército japonés acusándole de espía de los americanos. Le habían torturado metiéndole palillos debajo de las uñas para conseguir que confesara, cosa que no consiguieron. Antes de que los japoneses entraran en la habitación de mis padres, mi abuela Carmen le susurró a mi madre: «Tu marido ha escondido la radio debajo del colchón de vuestra cama. Si la descubren nos pueden matar a todos».

Mi madre no se lo pensó dos veces y con una enorme valentía entró en su cuarto, cogió la radio y se la escondió debajo de su bata, ya que les habían sorprendido a primera hora de la mañana. Cuando los soldados terminaron de registrar las habitaciones, mi madre volvió a esconderla en el mismo sitio. Una hazaña por la que mi abuela Carmen siempre le daba las gracias a su nuera por haber salvado la vida a su hijo y, probablemente, las de ellas dos también.

* * *

La mayoría de las veces los hijos somos los últimos en descubrir las historias cruciales que marcan la vida de nuestros padres.

De la fuga para casarse me enteré ya de mayor. Cuando se lo conté a mis hijas, no se lo podían creer. Mi madre fue toda su vida una mujer muy tradicional y de profundas convicciones religiosas. Era impensable imaginar que hubiese hecho algo así, pero lo hizo y se quisieron hasta la muerte de mi padre, el 3 de octubre de 1992, en Manila. Después de su boda secreta, pasó mucho tiempo hasta que obtuvieron el perdón de ambas familias. Mi abuela Carmen terminó dejando de lado sus recelos y llegó a querer a mi madre muy por encima de sus otras nueras. Ella fue quien le enseñó todo sobre la sociedad española de aquella época y quien la introdujo en sus costumbres. Nosotras, sus nietas, fuimos su debilidad, porque su hijo Carlos, no podía disimularlo, era su favorito.

Toda la vida vistió de luto, jamás se le pasó por la cabeza volverse a casar, y ni un solo día dejó de hablar de mi abuelo paterno. Aunque no lo conocimos, gracias a ella, mi abuelo Fausto siempre fue una presencia muy viva para todos nosotros y nos dejó en herencia un amor enorme por España. Fue leal a la Corona española, recordaba con nostalgia los días de la colonia y leía con enorme interés en las páginas de *El Debate* todas sus noticias, a pesar de que este periódico llegaba a Filipinas con mucho retraso. Si España no hubiera perdido Filipinas, a mi abuela Carmen le habrían correspondido al menos dos títulos nobiliarios; el más importante de ellos, el de marquesa de Las Salinas. Hace años, una revista española publicó un artículo sobre los títulos nobiliarios a los que habría tenido derecho mi familia por el lado paterno. Tiempo después, en una fiesta de cumpleaños del rey Juan Carlos, celebrada en los preciosos jardines del Campo del Moro, un señor muy cariñoso se acercó a mí y me dijo en tono simpático y cómplice:

—Hola, Isabel, soy el marqués de Las Salinas. Me han dicho que me quieres quitar el título.

—¡No es verdad! —respondí de inmediato—, ni se me ha pasado por la cabeza. ¡Son inventos de la prensa!

Él se echó a reír.

* * *

Estos son a grandes rasgos los orígenes de mi familia en Filipinas, de sus años felices en La Pampanga y Dumaguete. Y así fue como los Preysler y los Arrastia mezclaron sus fortunas, tradiciones, costumbres y su sangre para siempre.

3
No soy Cenicienta

Después de la Segunda Guerra Mundial, Filipinas vivió un período de prosperidad y esperanza. En los años cincuenta, Manila, como nos decían en el colegio, ya era considerada la Perla de Oriente, una ciudad bella y asombrosa a los ojos de los turistas. En su bahía, que alberga uno los mejores puertos naturales de todo el mundo, la vida tenía otro color y ritmo. Las tradiciones convivían con los tiempos modernos y la tan esperada paz trajo un bienestar económico hasta entonces desconocido.

Hay gente que piensa, y este dato se repite desde hace años, que nací el 18 de febrero de 1951, pero no es cierto. Nací ese día, pero un año antes, en 1950. Hasta este momento no había sentido nunca la necesidad de corregir esta información, no me molestaba que me quitaran un año; al contrario, me encantaba.

Mis padres no me esperaban tan pronto. La noche de mi nacimiento, como casi todas, asistieron a una de sus numerosas fiestas. La gente en Manila es muy alegre y mis padres formaban parte de esa sociedad divertida y siempre dispuesta a pasarlo bien. No cabe duda de que el clima tropical ayuda a que se viva de puertas afuera. Como ya he dicho, en las horas previas a mi nacimiento, disfrutaban de una animada reunión entre amigos, a ritmo de foxtrot, chachachá y swing. De repente, mi madre sintió que había llegado el momento de traerme al mundo. Aunque no era primeriza —soy la tercera de seis hermanos, tres chicos y tres chicas—, el susto debió de ser mayúsculo. Se cogieron de la mano, se despidieron precipitadamente de sus amigos y se desplazaron a toda velocidad hacia el prestigioso St. Luke's Medical Center. Parecía que yo tenía prisa por nacer porque casi vine al mundo en el coche, pero afortunadamente y a pesar de la emergencia, todo salió muy bien. Una vez que el ginecólogo, el doctor Manahan, que atendía a todas las señoras de Manila, la comadrona y una enfermera confirmaron que las dos estábamos en perfectas condiciones de salud, mi padre nos besó a ambas con cariño y regresó a la fiesta con una sonrisa de oreja a oreja para anunciar a todos sus amigos la buena noticia. Así era él, un hombre que, sin faltar a sus responsabilidades profesionales, exprimía a diario hasta la última gota de felicidad. Siempre me sorprendió su capacidad para compaginar el trabajo con la fiesta. A pesar de su espíritu juerguista, se ocupó de nuestro bienestar y no escatimó en esfuerzos para que creciéramos en un entorno acomodado. No nos sobraba el dinero, pero jamás nos faltó nada. Durante muchos años, fue vicepresidente de Theo H. Davies, una multinacional inglesa, propietaria entre otras marcas de las pinturas Sherwin-Williams, los aires acondicionados Fedders, o Kohler, esta última pionera en saneamiento del hogar. Cuando dejé mi país, mi padre desempeñaba el puesto de trabajo con el que puso fin a su carrera profesional: representante de Banesto en Filipinas. Por su parte, mi madre no trabajó hasta que crecimos sus hijos. Su vida laboral comenzó casi por casualidad cuando yo ya vivía en España. Una amiga le pidió ayuda para vender una casa, porque ella conocía a casi todo el mundo en Manila; logró una buena venta, se corrió la voz y acabó convertida en la agente inmobiliaria de las casas más importantes de la capital.

Cuatro o cinco días después de nacer, salí del hospital en los brazos de mi madre rumbo a nuestra casa en Ciudad Quezon, a media hora de Manila. Este fue mi hogar hasta que cumplí los diez años y el escenario de aquellos días desenfadados y felices. Más que la distribución y la decoración, recuerdo el generoso jardín rodeado de cañas de bambú y el sonido precioso del viento en sus hojas. En mi casa de Puerta de Hierro tengo muchos bambúes y cuando hay viento, me lleno de recuerdos. En Filipinas, los bambúes atraían a las culebras, y las *yayas* —así era como llamaban a las niñeras en Filipinas— nos gritaban en cuanto las veían y llamaban al criado o al jardinero para que las mataran con un bolo, el machete filipino. Las *yayas* nos cuidaban hasta extremos que hoy pueden resultar excesivos —por ejemplo, de pequeños, ayudadas por una borla nos embadurnaban con polvos de talco la espalda, el escote y el cuello para mitigar el calor—. No nos perdían de vista en ningún momento, nos llevaban a las fiestas y esperaban a que estas terminaran para devolvernos a salvo a casa. Recuerdo con cariño a Margarita, que fue doncella nuestra cuando yo tenía quince años y luego se vino a trabajar con Julio y conmigo a España para cuidar de nuestros bebés. También tuvimos durante muchos años a Lolen, una cocinera buenísima que venía de la hacienda de mis abuelos en La Pampanga. En casa de mis padres el servicio siempre duraba años. El mayordomo Catalino se casó con Lourdes, la lavandera. Mi abuela se enfadó porque quería casarle con Dora, su doncella favorita. Fuimos a su boda, mi madre, mi hermano Carlos y yo. Y cuando empezó la fiesta, tras el banquete, Catalino vino hacia mí para pedirme que bailara con él. «Me concedería el honor del primer baile, señorita Isabel», me dijo. A todos nos sorprendió que me sacase a mí en primer lugar antes que a la novia, pero yo me levanté encantada.

Mi madre siempre recordaba ese cariñoso detalle de Catalino.

En el jardín de Ciudad Quezon tenía mi gran refugio: una casa de madera construida para mi hermana Victoria y para mí con techos altos, muebles para niños y ventanas con visillos de flores por los que entraba mucha luz. También había una cancha de baloncesto donde jugábamos muy a menudo y una entrada asfaltada en la que aprendimos a montar en bicicleta y que utilizábamos también como pista de patinaje. Siempre hemos tenido perros en casa porque a mi padre le encantaban, aunque a mi madre mucho menos.

Un día, un amigo de mi padre se fue de viaje y le pidió que nos quedásemos con su perro, otro pastor alemán igual que el nuestro. Mi hermana Victoria, mi prima Maite y yo íbamos a una fiesta. Me había puesto un vestido blanco con falda abullonada que me gustaba mucho, con calcetines y zapatos blancos a juego. Al salir al jardín, mi prima Maite empezó a hacer rabiar al perro invitado, que se enfadó tanto que rompió la correa con la que estaba atado, pegó un salto, se abalanzó sobre mí y me mordió debajo de la ceja derecha. No me quitó el ojo de milagro, pero me dejó una cicatriz de por vida. Mi hermano Enrique entró corriendo en casa a decirle a mi madre que yo tenía un agujero en la cabeza. Mi madre, que casi se desmaya, me llevó al hospital donde tuvieron que darme puntos. A mí lo único que me importaba era que me había quedado sin la fiesta que tanta ilusión me hacía y que mi vestido favorito, lleno de sangre, se había convertido en algo totalmente irrecuperable.

Antes de mudarnos a Makati, en Ciudad Quezon celebré mi décimo cumpleaños y fue uno de los días más felices de mi vida. Había muchos regalos, un carrito de helados Magnolia, la empresa heladera más importante de Filipinas, juegos, sándwiches, dulces, tartas muy elaboradas y decoradas y piñatas que allí se hacían con vasijas de barro llenas de caramelos y M&M's, de los que tuve tal atracón que ya nunca más he vuelto a comer. Entre niños, *yayas* y algunos amigos de mis padres seríamos medio centenar de personas. Todavía no se me ha borrado de la memoria ni un solo momento vivido aquella tarde. Y es por lo que siempre he intentado que mis hijos, y ahora mis nietos, tengan la posibilidad de revivir en sus fiestas de cumpleaños algo parecido a lo que yo sentí entonces.

Casi todos los domingos, después de misa, pasábamos el día en casa de unos amigos, los padres de Marilú y Conli Ortigas. A las seis de la tarde, volvíamos a casa con las *yayas* y mis padres y su grupo de amigos se quedaban de celebración hasta la madrugada. Otras veces organizaban fiestas temáticas llenas de alegría e ingenio, porque para no caer en la rutina —dado que su círculo de amistades era pequeño— se disfrazaban de granjeros de la América profunda, de egipcios en la Corte de Cleopatra, de emperadores chinos, de hawaianos... Uno de los antiguos álbumes de fotos de mi madre está dedicado a estas fiestas en las que cuidaban hasta el más mínimo detalle: desde el decorado a la música todo cumplía con la temática y aportaba magia a la noche.

De muy pequeña estaba muy unida a mi padre, quizás porque al ser la tercera, mi madre, entre otras cosas, cuando organizaba un viaje se llevaba solo a mis dos hermanos mayores. Creo que una de las leyes de la vida es comenzar a entender las indescifrables actitudes de tus padres cuando tienes tus propios hijos. A mí por lo menos me ha ocurrido. Poco a poco, según fui creciendo, me iba sintiendo más unida a mi madre.

* * *

De niña me llamaban «lagartija» y «fox terrier» porque no paraba quieta y por mi delgadez. Estaba siempre atenta a todo lo que sucedía a mi alrededor. En casa había un comedor grande en el que a mi madre le gustaba invitar a comer a sacerdotes y misioneros. Hay escenas aparentemente intrascendentes en la niñez, pero cuyo recuerdo nos acompaña a lo largo de toda la vida. No me puedo olvidar de un día en el que se sentó a la mesa un religioso al que le temblaban mucho las manos, tanto que hacía un esfuerzo inaudito para llevarse la cuchara a la boca sin derramar la sopa, lo que para mí resultaba hipnotizante. Como yo era muy habladora y tenía la mala costumbre de decir lo primero que me pasaba por la cabeza, ni corta ni perezosa le pregunté directamente por sus temblores. Mi hermana Victoria, horrorizada por mi pregunta tan poco delicada, se chivó a mis padres. Como era de esperar, me castigaron por mi indiscreción sin ver la televisión unos días. Era el castigo más terrible que podían imponerte en aquellos años en los que la aparición de ese medio era reciente.

A casa llegó el primer televisor cuando yo tenía siete años. Lo instalaron como si fuera un tesoro en el mejor lugar de la planta baja, en el cuarto de estar. Mis hermanos y yo jamás nos perdíamos nuestro programa favorito: la primera serie de wéstern para televisión, *Hopalong Cassidy*, interpretada por el actor William Boyd. Cassidy cabalgaba en su caballo blanco y era implacable con los infractores de la ley. Sus aventuras nos dejaban con la boca abierta.

La vida me regaló uno de esos momentos mágicos que cuando ocurren parecen salidos de un sueño, pero que con el paso de los años, cuando los recuerdas, te provocan una sonrisa. Conocí a mi héroe, estuve junto a él, lo vi fuera de la pantalla. Nunca lo he olvidado. Ocurrió cuando, debido al trabajo de mi padre, mi familia se mudó dos años a Hong Kong y allí tuvo lugar un hecho para mí milagroso. William Boyd, el que capítulo a capítulo se ponía en la piel de nuestro héroe y quien acababa con los malos sin que se le moviera una pestaña, llegó a nuestra casa invitado por nuestros padres. En ese momento, mis hermanas, alguno de mis primos y yo jugábamos divertidos en el suelo. Levantamos la vista y... ¡no era posible!: ahí estaba él, muy atento a nuestras risas. De entre todos los niños, Boyd me eligió a mí. Me tomó en brazos, me dijo que le gustaba el hoyuelo de mi barbilla y me hizo sentir la niña más feliz del mundo.

Durante mi infancia viví otras muchas historias inolvidables. Mis padres eran muy amigos de los dueños de una cadena de salas de cine de Filipinas, y eso hizo que protagonizaran anécdotas como la de aquel fin de año en el que conocieron a una de las actrices más bellas de Hollywood, Ava Gardner, muy popular en España, entre otras cosas, por la relación que mantuvo con Luis Miguel Dominguín. Mi padre bailó con ella aquella noche para ganarle una apuesta a mi padrino. Recuerdo cómo mi madre contaba lo espectacular que era su físico y cómo le llamó la atención su altura, su cintura pequeña y sus hombros anchos.

Cuando cumplí once años, nos mudamos a una casa nueva, bastante más pequeña que la primera, pero muy bien situada en el barrio de San Lorenzo, en Makati. No contaba para nada con el jardín gigantesco de la de Ciudad Quezon, pero el barrio era estupendo y podía equipararse con la colonia de El Viso, en Madrid. Como ya he comentado, éramos seis hermanos: el mayor, Enrique; Victoria, la segunda; yo la de en medio; Carlos y luego los mellizos, Joaquín y Beatriz. Siempre me tocó compartir habitación con mi hermana Victoria, con la que me llevaba muy bien. Era mucho más disciplinada que yo, sacaba mejores notas y era la más responsable. A pesar de que vivimos muy lejos, en distintos continentes, hemos seguido estando siempre en contacto y muy unidas. La quiero muchísimo. Eso sí, la que sentía auténtica adoración por mí desde pequeña era mi hermana Beatriz.

Mi educación fue muy severa tanto en casa como en el colegio de monjas al que fui. Estudié en La Asunción, el colegio más elitista de la época. Primero en el de la calle Herrán y más tarde en el que abrieron en San Lorenzo, Makati, donde nos habíamos mudado. Las monjas, con sus hábitos negros, sus delantales inmaculadamente blancos y sus velos color vainilla, cuidaban que nuestra formación fuera íntegra y apropiada para señoritas. Sonaba el Ángelus al mediodía y teníamos Bendición cada tarde; aprendí a bordar mientras rezaba el Rosario, llevábamos flores a la Virgen María en mayo, y algunas compañeras y yo enseñábamos catecismo en las escuelas públicas de la ciudad. Aquella experiencia me hizo creer que tenía vocación religiosa y que, sobre todas las cosas, de mayor quería ser misionera. Soñaba con irme a alguna recóndita aldea de África para ayudar a todos los niños necesitados.

Creo que muchas niñas de mi edad hemos compartido esa idea. Mantuve mis convicciones religiosas férreas pero las fui perdiendo con el tiempo, aunque sigo manteniendo un gran respeto hacia lo religioso.

A pesar de tanto rigor y disciplina, guardo un bonito recuerdo de esos años de formación. También es cierto que fui una alumna muy educada, respetuosa y ordenada, cualidades que las monjas valoraban especialmente. Me llevé muy bien con todas ellas. En mi última visita a Filipinas fui al colegio de La Asunción y me emocioné al reencontrarme con madre Anunciata, que había sido profesora mía de Literatura y que ya estaba muy mayor. «¿Cómo no voy a acordarme de esta niña tan traviesa?», me dijo. En cuanto a la parte académica, debo confesar que sufría durante el período de exámenes; aquello era una auténtica tortura para mí. El estómago me dolía cada vez que me enfrentaba a uno de ellos: temía fallar, quedarme en blanco, no estar a la altura; y los nervios no se me quitaban hasta que nos entregaban las calificaciones. Mis padres daban mucha importancia a las notas, por lo que yo me esforzaba al máximo para cumplir tanto con los objetivos escolares como con sus expectativas. Realicé todos mis estudios en inglés, aunque también aprendí tagalog (asignatura obligatoria) y español, idioma en el que nos hablaban mis padres y nos obligaban a aprender. Llevábamos como uniforme una falda tableada escocesa en tonos rojos, una blusa de color blanco con manga corta doblada por encima del codo, cuello marinero y una corbata con nudo de la misma tela de la falda.

Con respecto a mi conducta... Los que me conocieron de niña saben que fui muy traviesa. En ocasiones, me escapaba del colegio con mis amigas por pura diversión. Saltábamos la valla una hora antes de que acabasen las clases y nos íbamos al parque a charlar de nuestras cosas. A pesar de esas huidas sin consecuencias, logré ganarme el afecto de mis profesoras y compañeras que llegaron incluso a votarme un año como subdelegada de clase. Solíamos jugar a voleibol, béisbol y al *bataille*, un juego de pelota francés, el favorito del colegio, que me encantaba. También daba clases de flamenco en casa de Pilar y Beatriz Roxas, con Cristina Soriano y Marivíc González. Dio la casualidad de que, años después, las cinco nos casamos con españoles. He seguido manteniendo contacto con muchas amigas y compañeras del colegio como Tere Barata, Vicky Benares y Patty Gómez (las tres tristemente fallecidas hace unos años); con Marilú y Consuelo Ortigas, con las que crecí y jugué muchísimo de pequeña; también Regina (Giging) Jalandoni, Lisa Yuchenco, Mary de León, Ruby Díaz y Elvira Araneta. Muchos domingos al salir de misa, íbamos a sus casas a bañarnos en la piscina mientras los mayores comían y alargaban la sobremesa. Algunas, cuando pasan por Madrid, me suelen llamar y a otras las he visto cuando he vuelto a Manila.

* * *

En Filipinas, las vacaciones de verano son de marzo a junio. En esos meses, nos trasladábamos a Baguio, el principal destino turístico del país en aquella época. Su paisaje montañoso era y sigue siendo espléndido. Los veraneos de mi adolescencia están ligados a jornadas interminables en el Baguio Country Club. En aquel entonces yo practicaba muchos deportes, aunque no todos se me daban igual de bien: di clases de natación y jugué al tenis, bádminton, voleibol y baloncesto. Fui una amazona precoz que respetaba y quería a los caballos, y no temía ir al galope por senderos cubiertos por la espectacular vegetación de mi tierra. Además de la hípica, mi querido primo Miguel Preysler, con el que crecí, junto a sus hermanos Chiqui y Fausto, solía invitarme al Yacht Club para navegar en su catamarán. No hace mucho falleció en Sotogrande, lugar que eligió para vivir y retirarse. Tuvo una brillante carrera como golfista cosechando éxitos anuales, el más importante el de campeón de Europa de golf *amateur*, en Ribalgofe, Portugal, en 2006.

Y fueron pasando los años, los cursos escolares y las vacaciones de verano. Y yo me convertí en una adolescente. Tuve muchos pretendientes, algo que se notaba por San Valentín, cuando los chicos tenían la tradición de enviar flores a casa de las chicas que les gustaban. La mía se llenaba de rosas, orquídeas y sampaguitas (la efímera flor nacional de Filipinas), ante el enorme estupor de mi madre y el disgusto de mi padre.

El filipino es de carácter bondadoso, generoso, respetuoso y amable y pasa por todo tipo de tragedias, como la implacable erupción de sus volcanes, inundaciones, huracanes... sin protestar ni amargarse, tal vez debido a que es profundamente creyente y acepta todo lo que Dios le manda sin rebelarse.

Allí las mujeres valen mucho más que los hombres, y una amiga mía, Georgina Padilla Zóbel, pone de ejemplo que dos de ellas han alcanzado la presidencia, Cory Aquino y Gloria Macapagal, mientras que en España no ha habido todavía ninguna.

Hay algo que tengo absolutamente claro y es que si yo no hubiese tenido esa niñez, ahora no sería como soy. Muchos me han dibujado como una Cenicienta, que vino a España sin nada en busca de un futuro más próspero. Se equivocan. Si así hubiese sido, no solo no me importaría reconocerlo, sino que me sentiría orgullosa de mí misma, porque tendría mucho más mérito el haber vivido todo lo que he tenido la suerte de vivir en este maravilloso país, que tan generoso ha sido siempre conmigo.

4
El calvario de mi madre

Con mis cinco hermanos (Enrique, Victoria, Carlos, Joaquín y Beatriz) compartí largas horas de juegos, secretos infantiles, discusiones, peleas y risas; juntos vivimos nuestras primeras alegrías y también nuestros primeros desengaños. Enrique, al que cariñosamente llamábamos Ricky, el mayor de todos nosotros, nuestro «capitán», el que tomaba el timón y el mando en caso de conflicto entre hermanos; era entusiasta, listo y tan guapo y atractivo que tenía muchas novias, las niñas más monas de Manila. Estudió en La Salle y muy joven se fue de Filipinas para seguir su formación académica en la Universidad de Phoenix (Texas) porque no había sido nunca buen estudiante y mis padres creían que alejado de su grupo de amigos se centraría más en sus estudios y tenían la esperanza de que acabara bien el curso.

Durante ese período dejó embarazada a Arlene Dorffi, una chica filipina-americana muy guapa, con la que se vio obligado a casarse antes de terminar la universidad y con la que tuvo una hija, mi sobrina Joanna, que no conoció a su padre y siempre que coincidimos o hablo con ella, me pide que le cuente cosas sobre él. Enrique era un hombre encantador y tenía un gran sentido del humor y la capacidad de hacerme reír muchísimo, incluso en los momentos más serios. Nunca le he olvidado y buena prueba de ello es que a mi tercer hijo le llamé Enrique, en su memoria y en la de mi primo Enriquito Brías, dos muertes prematuras a las que tuve que enfrentarme siendo aún muy joven.

En el caso de Enrique nada nos había preparado para un desenlace fatal. La tragedia nos golpeó duramente cuando un terrible error le costó la vida. Cómo nos íbamos a imaginar que nos dejaría tan pronto: mi hermano, aún me cuesta aceptarlo, falleció el 21 de diciembre de 1971, a los 25 años, recién graduado en Business Administration. Recuerdo aquellos durísimos días posteriores a su fallecimiento como envueltos en una nebulosa.

Julio y yo habíamos decidido pasar esa primera Navidad de casados en Hong Kong con mi familia. Volé con Chábeli, que entonces solo tenía cuatro meses, desde Madrid para reunirnos con mis padres y mis hermanos; y Julio se unió a nosotros en cuanto terminó su gira. Pero la tragedia transformó de un plumazo nuestra despreocupada alegría de aquellos días en la mayor desolación que se pueda imaginar.

Mi hermano Enrique, ya separado de Arlene, decidió pasar la noche del 20 de diciembre de 1971 en un hotel de la ciudad con una chica con la que había estado saliendo. Cuando se retiraron a la habitación por la noche, dijeron en recepción que al día siguiente bajarían sobre las diez a desayunar y que a continuación se marcharían del hotel. Se despertaron muy temprano, decidieron darse un baño y, mientras esperaban a que la bañera se llenara, se quedaron adormilados en la cama; con la mala suerte de que se produjo una fuga en el calentador de gas del agua caliente, ahora ya prohibidos, pero que en aquella época eran habituales. Estuvieron inhalando durante horas ese monóxido de carbono.

A la una de la tarde, los empleados del hotel, extrañados porque no habían bajado a desayunar ni habían desalojado la habitación, decidieron subir a ver qué les pasaba y llamaron a la puerta con insistencia, pero solo les respondió un inquietante silencio. Al final, muy alarmados, abrieron la puerta de la habitación y hallaron una escena terrible: mi hermano yacía sin vida en la cama y la chica que lo acompañaba estaba inconsciente a su lado tras haber permanecido expuesta durante tantas horas al gas. El personal del hotel llamó rápidamente a una ambulancia por lo que tuvo mucha más suerte que mi hermano, ya que consiguió salvar la vida. Nunca nos enteramos de quién era ella porque mi madre, que sí lo sabía, al ser tan conservadora, jamás nos reveló su identidad, aunque creo que pertenecía a una familia conocida de Manila.

La tragedia nos afectó muchísimo a todos, pero a mi madre la destrozó por completo. Temíamos que no pudiera superarlo. Toda su vida cambió de la noche a la mañana; comenzó, obligada por mi padre, a consultar varios especialistas, en busca de un diagnóstico para su estado físico y anímico. Su dolor era indescriptible, no solo por haber perdido a uno de sus hijos, sino además porque Enrique siempre había sido su preferido.

Desde ese día en adelante, todos nos propusimos hacer lo imposible por cuidarla. Especialmente recuerdo con muchísima ternura y gratitud lo bien que se portó en aquel momento mi prima hermana Maite Brías, a la que he estado siempre muy unida, pues mientras vivió en Manila, estuvo yendo todos los días, sin faltar uno solo, a visitarla. Cuando tía Tessie, su madre, se marchó con tío Miguel y se quedaron en Filipinas sus tres hijos, Maite, Enrique y Javier, mi madre se convirtió en un pilar fundamental para ellos porque, en medio de la profunda crisis familiar que vivieron en su infancia, mis primos pudieron contar con su amor incondicional y siempre la consideraron como una segunda madre. Por eso, cuando nos golpeó la tragedia, Maite se convirtió en un gran consuelo para ella, a la que supo confortar y agradecerle todo el cariño que había recibido de niña. Aún ahora mi prima recuerda lo duro que fue verla sufrir tanto.

La muerte de Enrique fue algo horrible, pero además tuvimos que soportar la publicación en varios medios de distintas hipótesis totalmente falsas sobre las circunstancias que rodearon su trágico final. Se dijo que en aquella habitación de hotel habían encontrado alcohol y restos de droga, algo absolutamente falso, ya que a mi hermano sus amigos le tomaban el pelo porque era abstemio y le apodaban «tomato juice», porque era lo único que bebía cuando salía de noche. Y, por supuesto, jamás consumió drogas.

A medida que pasan los años, soy más consciente de la fortaleza de mi madre y de cómo, gracias a su inmensa fe en Dios y al cariño de la familia, logró remontar episodios tristísimos, que no sé si yo, en su lugar, habría podido superar con tanta dignidad y entereza.

En julio de 1989, a mi hermana Beatriz le diagnosticaron su primer cáncer. Tenía 30 años y acababa de dar a luz en El Camino Hospital, Mountain View, California, al pequeño de sus dos hijos, mi sobrino Diego. Después de la primera revisión tras el parto y sin esperar los resultados, Beatriz se marchó a Manila, en donde recibió una llamada de su ginecólogo americano comunicándole la mala noticia; le habían encontrado un tumor maligno en el útero. Decidió someterse a un tratamiento de radioterapia allí mismo en Manila. Fue tan agresivo que le dejó secuelas de las que tuvo que tratarse en Houston, a donde la llevaron mi madre y su marido, el jugador de polo Louie Castillejo (del que se distanció tiempo después), para intentar solucionar el grave problema. Allí nos reunimos con ellos, Chábeli, Tamara y yo. El doctor J. Taylor Wharton, una eminencia en ginecología oncológica, le realizó una operación muy complicada para tratar de corregir los errores del tratamiento recibido por Beatriz en Filipinas. La intervención resultó un éxito, y el doctor Wharton le advirtió a mi hermana que si surgía algún problema no se pusiera en manos de ningún otro especialista que no fuera él o su equipo.

Mi madre no se separó de ella y apenas podía descansar en el apartamento que tuvimos que coger en el hotel, comunicado con el hospital por un pasadizo situado en uno de los pisos superiores, ya que el proceso era complejo y requirió de una larga estancia. Fue un período de mucha preocupación y angustia para ella que sacaba fuerzas de donde no tenía para sobrellevarlo de la mejor manera posible, aunque acabó como siempre pasándole una factura que intentaba disimular. Nosotras, como ya nos lo imaginábamos, aparte de para estar con Beatriz, fuimos a Houston con el objetivo de apoyarla y de que no se sintiera sola.

Además del duelo por la muerte de mi hermano Enrique y del sufrimiento por la inesperada enfermedad de Beatriz, mi madre se enfrentaba a otra batalla. Llevaba ya unos años luchando en silencio contra el infierno de las drogas en el que había entrado mi hermano Carlos, el cuarto de sus hijos, esa horrible adicción que ha roto tantas familias y hecho añicos a tantos jóvenes en todo el mundo. Yo no tuve constancia de todo lo que pasaba hasta años después por estar viviendo ya fuera de Filipinas.

Carlos tenía dieciséis años cuando comenzó a consumir y su generación en Manila, la de 1954, casi se diezmó por las drogas. Su adicción fue una prueba durísima para el resto de la familia, pero sobre todo para mi madre. Precisamente fue ella quien descubrió lo que le estaba ocurriendo a mi hermano. Un día que había salido a hacer unos recados, al regresar a casa a media mañana, sorprendió a Carlos saltando la valla de nuestro jardín.

—¿No es ese Carlos? —le preguntó al chófer—. ¿Qué hará aquí? ¿No tenía que estar en el colegio a estas horas?

—Señora, no se preocupe, puede que no sea él —le respondió, quizá para evitarle a mi madre el gran disgusto que se iba a llevar minutos después. Porque ella, convencida de que sí había visto a su hijo, se bajó del coche, se acercó al jardín y se encontró a mi hermano tirado en el césped, medio inconsciente. Desde que lo halló en esas condiciones, supo que algo terrible estaba amenazando la vida de su hijo y comenzó a buscar la forma de ayudarle a salir de la pesadilla que es esa enfermedad. Averiguó que Carlos ya llevaba un tiempo consumiendo estupefacientes y que, con un grupo de amigos, los compraba a la salida del colegio porque Manila tenía esa parte festiva y floreciente de la que ya he hablado, pero también un lado tenebroso del que era mejor estar lejos, y Carlos no consiguió mantener las distancias con el lado oscuro.

Por aquellos años, suministraba droga por la zona una narcotraficante de La Pampanga que se hacía llamar La Mami, que contaba con un ejército propio, al estilo de Pablo Escobar, y que no tenía escrúpulos a la hora de venderles la droga a menores de edad. La policía seguía de cerca sus actividades delictivas, pero le costó mucho detenerla, aunque finalmente y después de años de persecución, logró capturarla gracias a unas grabaciones donde se escuchaba claramente cómo negociaba con los clientes.

La Mami fue ejecutada públicamente por sedición en 1982.

Mi hermano Carlos no supo ver el peligro, se rodeó durante años de muy malas compañías que, como él, consumían drogas, pero con el agravante de que ellos muchas veces cometían actos violentos para conseguir dinero.

Un día, les llegó un chivatazo muy tentador: un señor apellidado De los Santos, propietario de una clínica privada en Makati, estaba organizando una fiesta en su casa de San Lorenzo y todo indicaba que en esa noche allí habría drogas. La perspectiva era demasiado seductora para los nuevos «amigos» de mi hermano, que planearon el golpe durante días pero al llegar el momento, no se conformaron con allanar la propiedad y perpetrar el robo, sino que además, uno de los miembros del grupo se metió en la habitación de una de las chicas del servicio y la violó.

Después, cuando se denunció el suceso y fueron detenidos, todos señalaron a mi hermano Carlos como el culpable y se convirtió en el chivo expiatorio porque era el único que tenía un apellido conocido. De los otros cuatro, absolutos desconocidos, poco se habló y no se volvió a saber nada de ellos. Sin embargo, mi hermano pasó muchos años en prisión injustamente y tuvo un juicio paralelo en el que resultó condenado por la opinión pública y la prensa.

El médico de cabecera de nuestra familia, el doctor Víctor Gisbert, tristemente fallecido en 1980, preocupado por el fuerte impacto que supondría para mi madre ver a su hijo entre rejas, le prohibió que fuese a verle a la cárcel para evitar que cayera en un estado depresivo profundo. Bea Zóbel y tía Mercy se encargaron de ir continuamente a visitarlo y a comprobar que no le faltara de nada. Siempre les estaré eternamente agradecida a las dos por ello. Desde niña he estado muy unida a tía Mercy y quiero mucho a sus hijas, mis primas hermanas Rosana y Karen Tuason y a sus hermanos. Tía Mercy venía frecuentemente a España, porque era embajadora de Filipinas en la Santa Sede y cuando podía hacía una escapada desde Roma para vernos. Tiene ahora 94 años y es una persona tan excepcional que cuando le tocó jubilarse, nadie quería dejarla marchar. Y también le estoy muy agradecida a Bea Zóbel que, sin pertenecer a nuestra familia, lo hizo porque era una persona excepcionalmente generosa y por la gran amistad y el cariño que le unía a mi madre y a tía Mercy.

Con ayuda de algunos amigos, logramos que Carlos disfrutara de ciertos privilegios penitenciarios, pero no pudimos librarle de la cárcel y no salió absuelto hasta que se demostró que no había sido él quien cometió la brutal agresión.

Mi hermano había contraído matrimonio muy joven con Jaicy Torres, con quien tuvo a su hija Katrina. Tan pronto como quedó libre, trató de aprovechar la segunda oportunidad que la vida le estaba ofreciendo y se volvió a casar, esta vez con Marivic Guieb, su neuróloga en el centro de desintoxicación, con la que tuvo tres hijas: Inés, Betina y Margarita. Sin embargo, nunca volvió a ser el mismo, sus años de adicción y su larga estancia en la cárcel le pasaron factura y en 2013, a los 59 años, murió de una hepatitis C.

Carlos me seguía en edad y tenía debilidad por mí; éramos muy cómplices. Mi madre me preguntaba —sobre todo cuando estábamos en Baguio— si no me importaba llevármelo cuando salía, o a veces al Polo Club —cuando estábamos en Manila— y yo lo hacía encantada porque conmigo era obediente, a diferencia de con el resto de la familia que le consideraba un trasto. Con tal de estar conmigo era capaz de cualquier cosa, hasta el punto de que un día jugando en el jardín de casa me di cuenta de que había un mango maduro en el árbol y le pedí que por favor me lo trajese.

Él, muy obediente, no se lo pensó dos veces a la hora de trepar. El mango estaba al final de una rama bastante alta y, cuando Carlos intentó cogerlo, la rama se rompió y se cayó del árbol. Se hizo una fractura abierta de hueso en el brazo y le pedí por favor que no se lo comentara a nadie, a lo que me contestó que no me preocupara. El pobre aguantó lo que pudo, hasta que empezó a ponerse muy pálido, entró en casa y se lo contó a mi madre, que le llevó corriendo al hospital. Volvió con el brazo escayolado, pero nadie me riñó porque Carlos no me delató nunca.

Cuando lo encarcelaron, mi padre afortunadamente ya había fallecido. Si digo «afortunadamente» es porque no sé si él habría podido soportar la angustia y la rabia de ver a su hijo en prisión, injustamente acusado de un horrible crimen que no había cometido. Cuando a mi madre le preguntábamos por todo lo sucedido, bajaba la vista, se le humedecían los ojos y optaba por callar. A todos nos marcó profundamente esta tragedia para siempre.

Carlos padeció una enfermedad horrible, que te cambia por completo y te hace fallarles una y otra vez a las personas que más quieres. Algunos de sus amigos consiguieron rehabilitarse, pero muchos murieron por el camino y por eso siempre he sentido un rechazo visceral hacia las drogas. He vigilado y educado a mis hijos para que huyan de ellas y eviten acercarse a un mundo devastador que te esclaviza y anula.

Mi hermano era una buena persona, a la que la droga destruyó la salud, la alegría y la vida. Un triste ejemplo de lo que las drogas pueden hacerle no solo a un individuo, sino a toda una familia.

A Betty, mi madre, estas tres tragedias de sus hijos y el haberlos perdido estando ella todavía con vida le produjo un dolor indescriptible para el que solo encontró algo de consuelo en su fe inquebrantable. De misa casi diaria y con amigos sacerdotes con los que solía confesarse a menudo, llevaba siempre colgadas unas medallas que habían pertenecido a Enrique, Carlos y Beatriz. Además de su fe le ayudó mucho el apoyo incondicional de sus hermanas, a las que estaba muy unida, el cariño de sus hijos y sus nietos, y los innumerables amigos que se volcaron con ella en esos momentos tan tristes y dramáticos.

Mi relación con mi madre fue espléndida. Estuvo presente en todos los buenos y malos momentos de mi vida y, aunque no entendió algunas de mis decisiones, siempre acabó aceptándolas.

Mi admiración por ella no tiene límites. Nunca olvidaré su fuerza, su ternura y la alegría que mantuvo a lo largo de toda su vida, a pesar de lo mucho que le tocó sufrir.

Alternó temporadas con nosotros en Madrid durante las cuales recibía los cuidados médicos que la doctora Isabel Jimeno le prodigó hasta el punto de que llegaron a hacerse amigas. También le gustaba muchísimo ir a visitar a sus nietos y bisnietos en Miami, y pasar largas temporadas con Chábeli en Carolina del Norte.

No tenía ninguna enfermedad, se fue apagando poco a poco y tuvimos la inmensa suerte de que falleciera a los 98 años, el 22 de agosto de 2021, en casa, en Puerta de Hierro, donde estuvo viviendo sus últimos años. Lo hizo arropada por todos nosotros y nuestro inmenso cariño. Su deseo, que cumplimos, fue descansar junto a mi padre y sus tres hijos en el cementerio de San Antonio, en Manila.

No he vuelto a ser la misma desde que ella no está.

5
Tía Tessie y tío Miguel, unos segundos padres

Con el paso de los años hay golpes que nos cambian para siempre especialmente si suceden durante la adolescencia, como fue mi caso. De repente, descubres que la vida, tan divertida a esa edad, puede ser muy dura e incomprensible. El 4 de noviembre de 1964, sufrimos como familia una de las mayores tragedias a las que nos hemos tenido que enfrentar: mi primo Enriquito, el hijo de tía Tessie y de su primer marido, tío Enrique Brías, murió inesperadamente y nos dejó a todos devastados. Puedo decir, sin temor a equivocarme, que este trágico hecho marcó un antes y un después en mi vida. Fue mi primer duelo y hasta entonces no sabía lo que era tener el corazón destrozado. Después de su adiós, aprendí que aquellos que amas no estarán siempre a tu lado, que debes fortalecerte para sobrellevar las futuras pérdidas. A pesar de los años transcurridos, hay escenas de aquellos días que me siguen estremeciendo. Las complicadas circunstancias en las que se produjo la muerte de mi primo hicieron durísima la despedida, sobre todo para tía Tessie, porque ella no pudo estar a su lado.

En los años cincuenta, Manila era una ciudad próspera y alegre. Tía Tessie se había casado con tío Enrique Brías, uno de los mejores amigos de mi padre. Había sido precisamente mi madre quien los presentó cuando tía Tessie se mudó a Manila para estudiar como interna en las Escolásticas. Contrajeron matrimonio y de su unión nacieron mis primos hermanos Maite, Enriquito y Javier Brías, con los que crecí.

A tío Enrique lo queríamos muchísimo porque le encantaba jugar con nosotros y nos hacía mucho caso cuando íbamos a su casa. Le gustaba proyectarnos películas, en Navidades montaba un belén enorme lleno de figuras, pueblos, puentes y ríos, y también nos emocionaba ver cómo colocaba vías de madera creando un largo recorrido con túneles y estaciones para que disfrutásemos de los trenes como auténticos maquinistas.

Al igual que mis padres, tía Tessie y su marido formaban parte de un grupo elitista y cerrado, que se pasaba el día en fiestas organizadas en sus casas o en el Polo Club. Fiestas llenas de distracciones… y tentaciones. Por aquellos días, el ambiente nocturno de Manila podía considerarse una versión filipina de *El gran Gatsby*, en el que las infidelidades eran frecuentes, aunque nunca se hablaba de ello públicamente, porque era una sociedad, como tantas otras, muy hipócrita. El divorcio estaba prohibido por ley en Filipinas —en la actualidad asombrosamente, junto con el Vaticano, todavía lo está—, y estos temas, que se comentaban en voz baja, eran siempre motivo de escándalo. Algunas veces pienso en cómo vivieron esta situación mis padres; si siempre se fueron fieles el uno al otro, o por el contrario hubo, en su matrimonio, algún desliz. Claro que quienes conocieron a mi madre saben que ella hubiera sido incapaz de hacer algo así. Aún hoy me sorprende que mi madre, tan severa en sus convicciones religiosas, pudiera convivir a gusto e integrarse en aquel ambiente, pero supongo que pesó mucho el amor y la admiración que sentía por mi padre y eso es lo que les hizo permanecer juntos toda la vida.

El matrimonio de tía Tessie con tío Enrique no sobrevivió a las noches de música, champán y baile de la Perla del Pacífico. Estando casada y siendo ya madre de sus tres hijos, mi tía se enamoró locamente de otro hombre: tío Miguel Pérez-Rubio. Estaba casado con otra amiga del grupo, tía Luisa Ysmael, y tenía una historia familiar muy trágica. La batalla de Manila de 1945, una de las más sangrientas de la Segunda Guerra Mundial, y en la que más españoles perdieron la vida, acabó con toda la familia Pérez-Rubio. Los japoneses quemaron su casa, violaron a su hermana y la asesinaron junto al resto de su familia. Él fue el único superviviente porque, casualidades del destino, no se encontraba allí en ese momento. Debido a esta desgracia de la que nunca se recuperó, heredó una gran fortuna repartida entre Filipinas, México, Estados Unidos, el sur de Francia y España.

Al contrario de lo que solía ser costumbre en Manila, ninguno de los dos ni pudo ni quiso esconder su amor; su historia fue a más, hasta el punto de decidir no seguir ocultándolo. Decidieron abandonar a sus respectivos cónyuges, ella a tío Enrique y él a su mujer, tía Luisa, y a los hijos de ambos. El padre Achútegui, confesor y guía espiritual de mi madre, siempre presente en los momentos más relevantes de nuestras vidas, fue hasta el puerto de Manila cuando estaban embarcando rumbo a México para intentar retenerles y convencerles de que la huida que iban a emprender era una locura que destrozaría a sus familias. Ellos no atendieron a razones. Se subieron al barco y dieron la espalda al religioso, a su tierra y a todo lo que había sido su vida hasta entonces.

Mis padres se llevaron un gran disgusto con esta separación y no solo por el escándalo, los cotilleos y las murmuraciones, sino porque se habían involucrado mucho en esta relación. Tío Enrique era uno de los mejores amigos de mi padre y mi madre le había presentado a su hermana Tessie cuando llegó al internado de Manila.

Tía Tessie y tío Miguel se mudaron primero a México, porque pensaron que la vida iba a ser más parecida a la de Filipinas, pero solo permanecieron una corta temporada. Desde allí, se trasladaron a una casa que compraron en San Francisco, pero acabaron eligiendo España, en donde permanecieron durante muchos años.

En Madrid, tía Tessie recibió la visita sorpresa de mi madre y el padre Achútegui, que habían volado a España para tratar de convencerla de que regresara a Manila con su primer marido y sus tres hijos. Tanto insistieron que tía Tessie accedió a hacerlo, aunque les pidió que esperasen a los resultados de la prueba de embarazo que se había hecho el día antes.

Cuando se confirmó que esperaba un niño, cambió de opinión y el padre Achútegui le propuso la descabellada idea de que cuando naciera entregase el bebé en adopción. Propuesta a la que tía Tessie se negó tajantemente y enfureció a tío Miguel. Mi primo Juan Antonio Pérez-Rubio Arrastia nació en San Francisco. Con él conviví a mi llegada a España, cuando sus padres me acogieron con tanto cariño hasta que me casé con Julio, y le sigo queriendo mucho.

Pero poco duró la felicidad de tía Tessie. Después del nacimiento de su hijo menor, sufrió una de las mayores desgracias que puede vivir una mujer: el fallecimiento prematuro de uno de sus hijos; ese dolor incalculable para el que ni siquiera existe nombre. La noticia de la muerte de Enriquito la recuerdo con profundo horror y la considero una de las mayores desgracias de mi vida.

Enriquito Brías Arrastia había nacido con espina bífida —una malformación generada porque la médula espinal no se desarrolla adecuadamente—. Hoy en día, la medicina ha avanzado tanto que hay cura para ello, pero en los años cincuenta y sesenta del siglo pasado aún no existía. El estado de salud de Enriquito se fue agravando paulatinamente. Primero, surgieron las complicaciones en los riñones y, más tarde, las dificultades para caminar, por lo que a veces tenían que colocarle una férula ortopédica en la pierna. Para mí, mi primo siempre fue un ejemplo de vida. A pesar de las dificultades que enfrentó desde su nacimiento, disfrutaba con nuestros juegos, intentaba hacer una vida lo más normal posible y jamás perdió la fe en que algún día se recuperaría.

La familia Brías provenía de San Andrés de Llavaneras, al norte de Barcelona, donde pasaban largas temporadas. Por eso, a mi primo le trató siempre un eminente nefrólogo catalán, el doctor Antonio Puigvert, quien en su última visita recomendó operarle, porque según informó, se habían obtenido avances destacables en ese tipo de cirugías. La intervención fue un éxito y nada hacía augurar el fatal desenlace, pero pocos días después de la operación y mientras jugaba al ajedrez con su padre en la habitación del hospital, Enriquito comenzó a respirar con dificultad. Alarmado, tío Enrique llamó a las enfermeras, que poco pudieron hacer por salvar la vida de su hijo. Su gran corazón, aventurero y valiente, dejó de latir. Los médicos no le hicieron autopsia, pero dictaminaron que el fallecimiento se había debido a un coágulo posoperatorio. ¡Qué triste e injusta es siempre la muerte de un niño!... Enriquito regresó a Manila en un ataúd con catorce años, una imagen que nunca podré borrar de mi memoria. Fue horrible. Teníamos la misma edad, habíamos crecido juntos, era adorable y nos teníamos mucho cariño. Todo el tiempo bromeaba con que nos íbamos a casar, a lo que yo respondía:

—Es imposible. ¡No nos podemos casar! Eres mi primo hermano.

—¡No te preocupes! Lo tengo todo pensado: voy a pedir permiso al papa y ya verás cómo nos dice que sí.

—Bueno, si te da el permiso, pues bien —terminaba accediendo yo. Aún me parece estar viéndolo, tan alegre y resuelto, con el firme propósito de ser feliz.

Al enterarse de su fallecimiento, tía Tessie se apresuró, destrozada e inconsolable, a viajar hasta Manila para despedirse de su hijo. Aterrizó en Hong Kong con tío Miguel, pero el trayecto que quedaba hasta Filipinas lo tuvo que hacer sola, porque si no los hubieran detenido al cruzar la frontera por bígamos. Tío Enrique, destrozado por su abandono y por la repentina muerte de su hijo, le prohibió tajantemente que se presentase al velatorio. Finalmente, las súplicas de mi madre y de su hija, mi prima Maite, lo convencieron para que le autorizase la entrada a la iglesia a las dos de la madrugada, cuando no quedara nadie en el templo. La costumbre de Filipinas era que, antes del entierro, se velaran los cuerpos en la iglesia durante dos días y al cementerio solo acudieran los hombres, ya que las mujeres y los niños lo tenían prohibido.

Recuerdo con absoluta nitidez, después de sesenta años, la triste imagen de tía Tessie entrando, destrozada por el dolor, en la oscura madrugada a esa iglesia en silencio y llena de velas encendidas. Corrió por el pasillo central hasta llegar al altar y abrazó con fuerza el ataúd de su hijo entre sollozos y sin que nadie pudiese separarla del féretro. Cuando eres adolescente el dolor de los adultos se te queda grabado para siempre.

Al cabo de un rato, mi madre se acercó a ella con un cariño lleno de ternura:

—Tessie, te tienes que marchar —le susurró mientras la tomaba por el brazo y la conducía a la salida—. Le prometí a Enrique que solo estarías media hora.

Fue tristísimo verla destrozada sin poder recibir el consuelo de sus otros dos hijos, porque ellos, aunque llevaran meses sin verla y hubieran querido correr a sus brazos, tenían prohibido acercarse en público a su madre. Cuando tía Tessie viajaba a Manila, el padre Achútegui conseguía que pudiera ver por unas horas, a puerta cerrada, a su hija Maite, mi prima mayor, a la que quiero muchísimo, porque crecí con ella y la considero como mi hermana. Maite y su madre se reunían en mi casa los sábados de nueve de la mañana a cinco de la tarde. Sus otros hijos no tuvieron la misma suerte. El precio que tuvo que pagar, altísimo, por haber abandonado a su primer marido llegó hasta Madrid donde algunas familias filipinas la rechazaron hasta el punto de que, cuando murió una amiga suya, tuvo que seguir la ceremonia funeral, en el cementerio de San Justo, desde el coche, rigurosamente vestida de luto. No sé si porque fue la primera gran tragedia que vivimos toda la familia o por las circunstancias en las que se dio, pero la muerte de Enriquito nos marcó de por vida a todos y nos preparó para otras pérdidas.

Muchos de los protagonistas de esta triste historia familiar ya nos han dejado. Tío Enrique Brías falleció en noviembre de 1980. Tía Tessie y tío Miguel, a quienes considero mis segundos padres, se casaron en Menlo Park, en California, unos días después de la muerte de tío Enrique. Su boda —oficiada por el padre Queenam, un sacerdote irlandés— consistió en una ceremonia religiosa que quisieron muy íntima y a la que no asistió nadie de la familia.

En 2011, nos dejó tía Luisa, la primera mujer de tío Miguel, una mujer muy hábil para las finanzas y que multiplicó la enorme fortuna que este le había dejado en Filipinas. Su casa era preciosa y tenía un imponente y cuidadísimo jardín japonés que supervisaba personalmente. Conducía su propio coche, iba a la oficina todos los días y tenía a su cargo muchos empleados. No se volvió a casar, aunque se decía que tuvo alguna pareja. Cada tarde, cuando regresaba de su trabajo, el mayordomo la recibía con un Dry Martini bien frío, tal y como le gustaba, y después, siguiendo un ritual casi cinematográfico, se sentaba a tocar el piano. Fue la primera feminista real y convencida que he conocido en mi vida.

Mantuvimos mucha relación con sus cuatro hijos. Miguel Ángel y Javier, que eran de la edad de mis hermanos, desafortunadamente ya fallecidos. Aún vive el mayor, Carlos, y también la única mujer, Luli, compañera mía del colegio y muy unida a mi hermana Victoria.

Tío Enrique Brías tampoco rehízo su vida sentimental tras la marcha de tía Tessie. Muy al final de sus vidas se perdonaron mutuamente. El 25 de junio de 1970, se casó por primera vez mi prima Maite Brías en la iglesia de San Andrés en Makati. Como regalo de boda, les pidió a sus padres, tía Tessie y tío Enrique, que asistiesen juntos. Ambos aceptaron, y el día antes quedaron para almorzar solos. Un encuentro que según dice mi prima fue sanador porque recordaron todo lo que habían sufrido, se pidieron perdón y hubo lágrimas de cariño. Cuando tío Miguel regresó a Manila quedaba todos los domingos a almorzar con sus hijos y, siempre le acompañaba tía Tessie. Ella y tía Luisa, la exmujer de tío Miguel tenían muchísimo sentido del humor y acabaron haciéndose íntimas.

La historia de amor entre tía Tessie y tío Miguel atravesó, años después, una época turbulenta que provocó su separación durante un tiempo. Después de haber sufrido lo indecible por defender su relación, de nuevo la infidelidad hizo que su matrimonio se tambaleara de tal manera que se rompió en pedazos.

Tras la caída del presidente Ferdinand Marcos, mis tíos regresaron a vivir a Filipinas como acto patriótico. Cuando Cory Aquino llegó a la presidencia, en 1986, le ofreció a tío Miguel el puesto de jefe de Protocolo de Malacañán, con rango de embajador. Era muy inteligente y culto, se llevó muy bien con mis tres maridos, Julio, Carlos y Miguel, al que acompañó a hacer turismo cultural por los lugares más emblemáticos del país como el Cavite, durante uno de los viajes que hicimos a Filipinas. Miguel se empapó de toda la historia de las islas antes de volar a Manila, incluso se había leído *Noli me tangere* y *El filibusterismo* de José Rizal.

Tío Miguel, que se volcó en su nuevo trabajo, desempeñó su tarea con fervor y acabó convertido en la mano derecha de la presidenta Aquino. Pasaba tantas horas encerrado en el palacio presidencial que terminó teniendo una historia con su secretaria, más joven y de una educación muy diferente a la suya, con la que le fue infiel a mi tía y su matrimonio se deshizo. Tío Miguel comenzó a vivir una vida distinta a la que estaba habituado. Se compró una casa adosada en Pasig, un barrio de clase humilde, y se alejó drásticamente de su entorno. Sin embargo, cuatro años más tarde, lo dejaron. En ese momento, tío Miguel hizo lo imposible por regresar con tía Tessie y, aunque ella se lo puso dificilísimo, acabó perdonándole, obligada en parte por mi madre y por tía Mercy que, como eran muy religiosas, la convencieron de que el perdón era el único camino posible para las personas que viven en la fe cristiana.

Tío Miguel murió el 11 de abril de 2017 y tía Tessie un año y cinco meses después, el 24 de septiembre de 2018. Ambos están enterrados juntos en el cementerio de San Antonio, en Makati. La suya es una hermosa y trágica historia de amor digna de una gran novela, que se saltó públicamente todas las normas de la sociedad de la época.

6
Un embarazo sorpresa

Probablemente sea una de las mujeres que más ha llorado en su boda. Conservo una foto mía de ese día en la capilla: se me ve con el pañuelo que Julio me dio cuando se me empezaron a caer las lágrimas. Supongo que los allí presentes, algunos invitados y cientos de desconocidos, entre fans y periodistas llegados en autobuses hasta la pequeña capilla de Illescas donde nos casamos, dieron por hecho que eran lágrimas de felicidad como las de esas novias que no pueden contener la emoción. Pero la realidad era diferente: a los veinte años, recién estrenada mi independencia y mi libertad en el Madrid de los setenta al que acababa de llegar, y que era para mí un mundo nuevo lleno de diversiones y aventuras, el matrimonio y la maternidad no entraban en mis planes. Sin embargo, yo estaba embarazada, Julio y yo íbamos a ser padres y en aquella época no existía otra posibilidad que la de celebrar esa boda precipitada que se suponía iba a unir nuestras vidas para siempre.

De los dos, el más convencido del paso que íbamos a dar era Julio, más maduro que yo, y que desde nuestras primeras citas, me aseguraba que era la mujer con la que siempre había soñado casarse. Me lo había repetido tantas veces a lo largo de nuestro noviazgo que yo me preguntaba si lo decía en serio o era una de sus bromas. El destino, que en este caso decidió por nosotros o al menos desencadenó los acontecimientos, me demostró que era cierto: Julio quería que fuera su mujer, la madre de sus hijos y la persona con quien deseaba compartir el resto de su vida. Así que aquel llanto, el del día de mi boda, era una mezcla de amor, miedo, incertidumbre, ilusión, felicidad, inmadurez… y muchas cosas más.

* * *

Ha pasado tanto tiempo desde el día en que nuestros caminos se cruzaron por primera vez que ninguno de los dos recuerda el momento exacto en el que nos conocimos. En unas Navidades recientes lo comentamos y llegamos a la conclusión de que fue hace cincuenta y cuatro años cuando Julio me vio por primera vez en una fiesta en casa de Juan Olmedilla a principios de 1970. Yo llevaba unos meses viviendo en España y empezaba a disfrutar con los amigos que había conocido gracias a mis tíos Miguel y Tessie, gracias a mi padrino, tío Teddy Sainz de Vicuña, y gracias también a mis nuevas compañeras del Mary Ward College, más conocido como las Irlandesas. Aquella noche en la fiesta estuve acompañada por Johnny Güell y José Sainz de Vicuña y no recuerdo haberme cruzado con Julio. En aquella época él ya había jugado al fútbol en el Real Madrid, había dejado aparcada su carrera de Derecho y despuntaba en el mundo de la canción. Julio, según me contó su amigo Julio Ayesa, había ido acompañado de Katy Ussía y Gloria Bárcenas y, al parecer, se fijó en mí, aunque yo no me diera cuenta; me vio de lejos y le pidió que consiguiera que nos volviéramos a encontrar.

Unos meses después, en mayo de 1970, coincidimos en otra fiesta organizada esta vez por Tomás Terry en el pabellón de Sevilla de la Casa de Campo de Madrid, a la que fui con algunos amigos entre los que estaban las hermanas Natacha e Isabel Calleja, Javier León, Antonio y Pedro Gamero y mi querida Chata López-Sáez.

Nada más verme, Ayesa se acercó con Julio, nos presentó y nos dejó solos. No nos separamos en toda la noche. Julio me pareció un chico encantador, simpático, educado y atractivo, lleno de *charme*. Resultó una fiesta muy divertida en la que recuerdo que bailaron Lola Flores y Manuela Vargas y en la que el propio Julio cantó *La vida sigue igual*. Fue la primera vez que le escuché cantar ya que, hasta entonces, solo conocía artistas americanos y a Serrat porque Juan Tomás Gandarias me había regalado su disco *Poemas de amor* que me encantaba.

Al terminar la fiesta, Julio se ofreció para llevarnos a casa a Chata y a mí en su coche. Primero la dejamos a ella y después nos dirigimos a casa de mis tíos. Durante el trayecto me hizo muchas preguntas y me contó que le iba bien con la música, claro que entonces no era consciente del éxito que llegaría a alcanzar y no se imaginaba el camino por el que le llevaría la vida. Aquella noche me dijo que se iba a Londres y que le gustaría volver a verme y yo le respondí que a mí también. Unos días después, cuando regresó a Madrid me recogió para ir a un concierto de Juan Pardo. Esa fue la primera vez que salimos juntos y desde entonces me llamó todos los días y empezamos a vernos con frecuencia.

Julio me hacía mucha gracia porque siempre decía lo que se le pasaba por su cabeza. Era siete años mayor que yo y mucho más espontáneo que la mayoría de los chicos que conocía. A la quinta cita, más o menos, me confesó que pensaba en mí como en la mujer con la que le gustaría casarse algún día. Me advirtió que no se estaba declarando pero que, si tuviera que hacer un dibujo de su mujer ideal, me dibujaría a mí. Durante la primavera de 1970, nuestro noviazgo se fue afianzando y a los seis meses nuestra relación se había convertido en algo serio.

Ese verano fui a la casa que mis tíos Miguel y Tessie tenían en la urbanización Guadalmar, en Málaga, en donde también veraneaba parte de mi familia. Julio estaba viajando todo el tiempo, pero cuando podía se escapaba para venir a verme y yo hacía lo imposible por quedar con él a solas; mis amigas, las López Pelegrín, fueron mis cómplices aquel verano. Nos veíamos mucho a pesar de sus actuaciones. Su dedicación al trabajo era enorme pero siempre encontraba la forma de dedicarme tiempo, aunque para ello tuviera que atravesar España en diferentes aviones para llegar al aeropuerto de Málaga. Hacíamos planes más bien tranquilos: salíamos a cenar, íbamos al cine y, de vez en cuando, a bailar. A todas mis amigas les gustaba y les caía bien. Muchas ya eran fans suyas antes de conocerle y alguna, incluso, estaba enamorada de él.

* * *

Después del verano seguimos viéndonos muy a menudo hasta que una mañana del mes de noviembre me levanté con náuseas. Pepita, la seño de mi primo Juan Antonio Pérez-Rubio, que era más espabilada que yo, sospechó desde el primer momento que podía estar embarazada. Le dije que era imposible y lo creía de verdad ya que solo había hecho el amor con Julio en dos únicas ocasiones y no había tenido relaciones con ningún otro chico desde mi llegada a España. Pero ella, al ver que los mareos persistían, me convenció para hacer una analítica que llevó personalmente al laboratorio y registró a su nombre.

Una semana después recibí los resultados: estaba esperando un bebé. Aquello fue un tremendo *shock* para mí porque suponía un giro inesperado en mi vida. Cuando se lo conté a Julio no dudó ni un segundo en decirme que nos teníamos que casar cuanto antes. Ya me había pedido que nos casáramos y esto lo único que hizo fue acelerar las cosas.

Guardamos el secreto Julio, Pepita y yo, hasta mucho después de nuestra boda. En aquella época, un embarazo antes del matrimonio no estaba bien visto. Yo no tenía a nadie con quien desahogarme ya que Julio empezaba a ser conocido y era imprescindible ser discretos. A mis padres, por supuesto, no les dije nada; para su mentalidad la noticia del embarazo hubiera sido una tragedia que les habría provocado una angustia y una desilusión tremendas.

Me casé queriendo mucho a Julio, pero es cierto que, con el paso del tiempo, me enamoré locamente de él por sus muestras de cariño hacia mí y hacia mi familia, por su generosidad y porque me decía, y yo me lo quería creer (aunque siempre supe que su carrera era lo prioritario en su vida), que para él era yo antes que nadie. Y también por la enorme admiración que sentía por él y por su trabajo y fuerza de voluntad.

Julio tomó las riendas de todo. Yo solo llevaba un año y unos meses en Madrid, era demasiado joven y estaba demasiado confusa y angustiada como para ser capaz de organizar una boda en tan poco tiempo. Ni siquiera me preocupé mucho por el vestido. Mi amiga Martha Oswald, que fue como una hermana para mí desde que llegué y más tarde elegí madrina de mi hijo Julio, me presentó a Mercedes Sojel, una de las mejores modistas de la época, que había trabajado para Pertegaz y estaba muy de moda entre las novias. Diseñó para mí un vestido blanco en crepe con cuello caja y manga larga, cinturón ancho de raso *beige* a juego con los puños y velo de tul. Mi peinado consistió en un cardado típico de los años setenta que me hizo Isaac Blanco, llevé unos sencillos pendientes de perlas y me maquillé como era la moda en aquellos años.

El lugar elegido por Julio fue la Quinta de Illescas de José Luis, en Toledo, un lugar muy conocido para organizar bodas, pero discreto y alejado de Madrid. José Luis, y con el tiempo toda su familia, llegaron a ser buenos amigos nuestros y estuvieron presentes en casi todas nuestras celebraciones importantes.

Queríamos que fuera una boda muy íntima, con solo un centenar de invitados entre amigos y familia, pero la prensa se enteró de nuestros planes y aquello se llenó de fans y periodistas, incluida la radio y la televisión pública que retransmitió la boda en el NO-DO.

La pequeña capilla estaba desbordada de gente cuando, a las seis de la tarde, Julio hizo su entrada del brazo de su madre Charo de la Cueva e inmediatamente después hice yo la mía con mi padrino, tío José María Preysler, hermano de mi padre, que no pudo venir a Madrid porque acababan de ingresar a mi hermano Carlos por primera vez en un centro de desintoxicación en Manila —algo que decidieron mantener en secreto— y uno de los progenitores tenía que estar pendiente de él por si surgía algún problema. No era fácil avanzar entre el gentío hasta el altar. Mucha gente se amontonaba fuera de la capilla y otros, entre empujones y protestas, intentaban sacarnos fotos. El ruido y la aglomeración hacían difícil que el sacerdote, el padre Aguilera, pudiera oficiar nuestro enlace. La ceremonia duró veinte agobiantes minutos y después de una rápida bendición y muchas lágrimas por mi parte mientras intentaba, sin lograrlo, encontrar con la mirada a mi familia y amigos, entre la avalancha de desconocidos, nos dirigimos a la zona donde se sirvió la cena. Después, y tratando de lograr algo de tranquilidad, nos refugiamos en Madrid en casa de mi padrino donde, por fin, pudimos reunirnos en paz lejos de tanto bullicio. Aquello fue el preludio de lo que sería después nuestra vida: siempre en el ojo del huracán y rodeados de extraños, con muy poco espacio para nuestra intimidad.

Tras la vorágine de la boda pusimos rumbo a Canarias, a Maspalomas, un enclave mágico de cielos azules, dunas y mar en calma que yo no conocía y que disfruté muchísimo. Nos quedamos en un hotel precioso. Fueron días inolvidables, pero duraron poco porque Julio tenía un contrato ineludible en México. Le dijo a mi madre, haciendo gala de su sentido del humor, que por él nos hubiésemos quedado más en Maspalomas pero que yo quería volver pronto para estar con ella. Algo que, por supuesto, mi madre no se creyó. La verdad es que yo quería verla, pero para contarle por fin que me había casado embarazada. A mi hermana Victoria, que también había venido a la boda, tampoco se lo había dicho. La noticia no se convirtió en tragedia porque yo ya estaba casada y ella y Julio se adoraban. Su relación fue siempre muy buena hasta su muerte. Cuando mi madre viajaba a Miami ya separados para ver a sus nietos comían juntos muy a menudo. Se hablaban regularmente por teléfono y siempre tuvieron gran admiración el uno por el otro y tanto es así que, cuando ella enfermó, él estuvo muy pendiente de su evolución y lamentó mucho que muriera. Ese día me dijo algo con lo que estoy totalmente de acuerdo: «En nuestras familias ha habido dos pilares fundamentales: tu madre y mi padre».

Nuestro primer viaje juntos al extranjero fue a México, con la ilusión de unos recién casados y el secreto de mi embarazo que nos llenaba de felicidad. Estuvimos allí tres meses, viviendo en un hotel del Distrito Federal. Antes de cumplir seis meses de embarazo ya había engordado dieciséis kilos porque, además de las deliciosas comidas mexicanas, desayunaba cinco o seis *pancakes* con sirope y, algunas noches, llamaba al servicio de habitaciones y me tomaba otro plato.

Julio no paraba de trabajar y yo pasaba cada vez más tiempo sola. Se dio cuenta de que necesitaba contar con una amiga a mi lado y le rogó a su mánager, Alfredo Fraile, que le pidiera venir a México a su mujer María Eugenia. Congeniamos desde el primer momento y lo pasamos fenomenal las dos juntas yendo de compras, visitando museos, restos arqueológicos y, por supuesto, disfrutando de los conciertos de Julio, que cada vez tenía más éxito.

Asistimos a su primera actuación en México el 18 de junio de 1971 en el Quid, un club de la ciudad muy conocido de la época, por donde pasaban los mejores artistas del momento. También hacíamos muchos viajes en autobús para ir a los pueblos en los que Julio actuaba y a los que solo se podía llegar por carretera. Recuerdo lo bien que lo pasábamos con el resto de los músicos y sus parejas. Eran todos encantadores y me llevaba muy bien con ellos.

Poco a poco fuimos haciendo amigos en tierras aztecas. En una ocasión Miguel Alemán, hijo del recordado presidente de México, y su mujer Christiane Magnani, una belleza francesa que había sido Miss Universo, nos prestaron su avión para pasar un día en Cancún y desde el aire pudimos contemplar las playas blancas y bañarnos después en las aguas azules de aquel paraíso inexplorado donde todavía no se había construido ningún hotel. Fue un gran privilegio y unas horas inolvidables durante las que pudimos disfrutar de aquel paraje totalmente virgen solo para nosotros.

Al volver de México alquilamos una casa preciosa en Portugal, en Cascais, para pasar aquel verano. Mi embarazo ya estaba muy avanzado. Mi suegro había organizado todo para que me atendiera allí el doctor Sousa, compañero y amigo suyo. Avisamos a mi madre y ella vino desde Manila para acompañarme en la recta final.

A mi padre nunca le dijimos que me había casado embarazada y nunca llegó a saberlo.

* * *

Mi primera hija nació el 1 de agosto de 1971 porque se me adelantó el parto y no el 3 de septiembre como hicimos creer a la prensa.

Es imposible expresar con palabras lo que sentí cuando vi por primera vez la cara de mi bebé. Para mí, ese momento no ha tenido comparación con ninguno de los que he vivido y se ha repetido cada vez que he dado a luz a cada uno de mis hijos.

Aquel día Julio estaba de gira de verano. Le llamamos por teléfono y vino literalmente volando, pero, a pesar de las prisas, no pudo llegar a tiempo.

Entró en la habitación como una exhalación unas horas después del parto cuando ya nuestra hija estaba en su cuna. La tomó en brazos, la acunó y se enamoró de ella para siempre. Durante todo mi embarazo me había repetido que quería que fuese una niña y, como entonces no se podía saber el sexo del bebé hasta que nacía, se llevó una maravillosa sorpresa al llegar a la clínica. A partir de ese momento ha existido, y sigue existiendo, una unión muy fuerte entre padre e hija.

Decidimos ponerle Isabel, pero Julio empezó a llamarla Chábeli que era como me llamaba a mí mi padre. De nuevo tuvo que marcharse enseguida, aunque volvía siempre que podía para seguir trabajando y yo me quedé en Cascais con mi madre y mi niña recién nacida hasta los primeros días de octubre. Dijimos que Chábeli había nacido el 3 de septiembre y que el parto se había adelantado de manera que nadie pudiera enterarse de que me había casado embarazada.

Nunca olvidaré aquellos momentos tan felices que me regaló la vida y que me han unido de una forma tan especial a mi primera hija. Recuerdo que en la entrevista que le hice a Julio, años después de separarnos, para la revista *¡HOLA!*, le pregunté quién era la mujer que más le importaba en su vida y me contestó rotundamente: «Nuestra hija Chábeli».

7
Éxitos e infidelidades

Cuando un matrimonio termina casi nunca hay un solo culpable ni una única razón. Entre Julio y yo empezó a surgir una distancia insalvable que surgió poco a poco, casi sin darnos cuenta y que, cuando quisimos arreglarlo, era demasiado grande y demasiado tarde.

No me refiero a que su carrera se interpusiera entre nosotros, algo que también ocurrió, sino que comenzamos a alejarnos el uno del otro. Crecieron los problemas y no supimos encontrarles solución. Nos teníamos un gran cariño y un gran respeto que nunca nos hemos perdido. Me tuve que acostumbrar a hacerlo todo sola y a vivir encerrada en casa. Al principio, no me molestaba porque sabía que así Julio, que era muy celoso, no sufría pero, con el tiempo, acabó por no compensarme.

Al final, nuestra vida conyugal se limitaba a las postales de los diferentes países que Julio visitaba en sus giras y al teléfono, porque sus ausencias eran cada vez más largas y sus éxitos musicales cada vez más importantes. Por supuesto que siempre estaba pendiente de nosotros, pero su agenda, llena de compromisos, no ayudaba. Nuestra conversación dejó de ser tan fluida y desenfadada como al principio y, casi sin darme cuenta, pasé de compartir mi vida con un hombre atento a todas las responsabilidades que conlleva tener una familia a tener que acostumbrarme a prescindir de su compañía y tomar todo tipo de decisiones yo sola. En aquellos primeros años, Julio se perdió muchos de esos momentos grandes y pequeños que fortalecen los lazos familiares. Me provocó mucha tristeza aceptar la distancia entre nosotros como algo irremediable. Durante nuestro matrimonio, siempre fue un hombre detallista y generoso. Se preocupaba por darnos de todo, pero no podía ofrecernos lo que más necesitábamos: su tiempo.

Cada vez que se iba de viaje, y muy a mi pesar porque pensaba que nos iba a dar mala suerte, Julio tenía la obsesión de dejarme instrucciones por si le pasaba algo: «Coge papel y lápiz y apunta: que no te engañe nadie. Si me muero, se van a vender muchísimos discos...». Me recordaba el dinero del que disponíamos, aunque yo lo sabía perfectamente porque teníamos una cuenta conjunta y todo lo que ganaba lo ingresaba en ella.

En el centro, Valentín Arrastia, mi bisabuelo, de Allo (Navarra), con sus tres hijos: de izquierda a derecha José, mi abuelo, Sebastián y Justo.

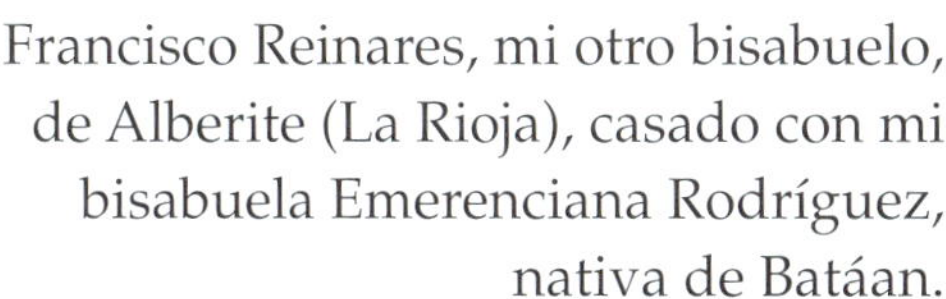

Francisco Reinares, mi otro bisabuelo, de Alberite (La Rioja), casado con mi bisabuela Emerenciana Rodríguez, nativa de Batáan.

Mi bisabuelo Valentín con parte de la familia y del personal de la hacienda.

Francisca Salgado, mi bisabuela, la rica filipina que le regaló un maravilloso porvenir a mi bisabuelo Valentín Arrastia.

Carmen Pérez de Tagle, mi abuela paterna.

Fausto Preysler,
mi abuelo paterno.

Mi abuela materna, Teodorica Reinares, muy desgraciada durante su matrimonio con mi abuelo, José Arrastia.

A la izquierda, la niña es Isabel Zulueta de Gil de Biedma, a su lado aparece mi madre con tía Luisa Pérez Rubio detrás y a la derecha, tía Tessie el día de su boda.

Carlos Preysler, mi padre. Beatriz Arrastia, mi madre.

Mi hermana Victoria y mi hermano Enrique
durante un viaje a Madrid.

Una de las habituales fiestas de disfraces a las que iban mis padres. La primera por la izquierda es mi madre; el tercero, mi tío Enrique Brías y a su lado tía Jessie de Zulueta; debajo de ella, está tío César de Zulueta.

Mi madre con su amigo
Jaime Zóbel en una fiesta india.

En casa de mis amigas, Marilú y Conli Ortigas.
Yo soy la de la derecha.

Con mi padre.

Yo, a la izquierda, mirando a cámara y apoyada en la mesa, en el cumpleaños de mi amiga Mariliz del Azar.

De izquierda a derecha, yo con mis amigas Mariliz del Azar
y Rosary Ysmael.

Recibiendo el regalo de Reyes en el Casino Español, en Manila.

Con mis hermanos Victoria y Enrique en una fiesta. Nosotras vamos vestidas con el *balintawak* y él con el *barong tagalog*.

Mi hermano Enrique, mi hermana Victoria y yo.

Con mis cinco hermanos: arriba, Victoria y Enrique;
abajo (de izquierda a derecha), Carlos, Beatriz, Joaquín y yo.

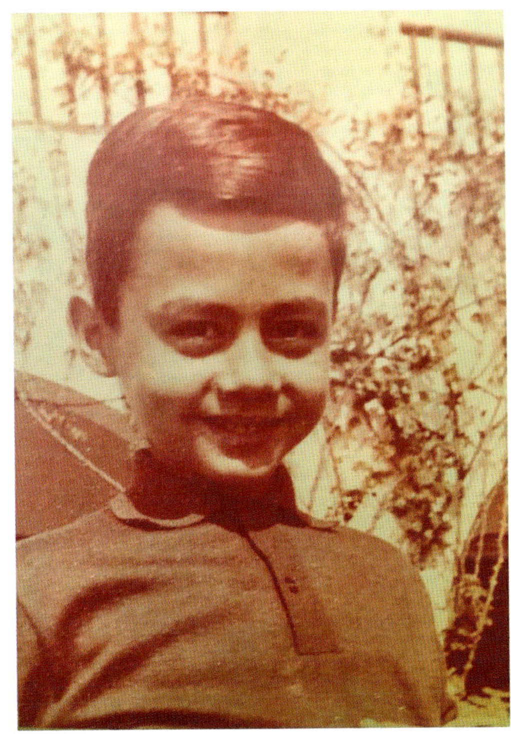

Mi querido primo hermano
Enriquito Brías.

Yo con diez años y mi prima Lisa sentada encima de mi hermana Victoria.

De izquierda a derecha, Miren López, Vicky Benares y yo, con el uniforme del colegio de La Asunción.

Con mi clase de La Asunción justo antes de la graduación (yo en el centro de la última fila).

Junie Kalaw, el motivo por el que mis padres me mandaron de Filipinas a España.

Mis padres en el Centro Cultural de Manila.

De izquierda a derecha, César y Jessie de Zulueta,
mi madre y mi padrino Teddy Sainz de Vicuña.

De izquierda a derecha, mi madre, tía Mercy, Carlos Griñón, tía Lily
y tía Tessie en Manila.

Julio y yo de novios, con mi primo hermano Juan Antonio Pérez Rubio y Pepita, su seño.

Secándome las lágrimas el día de mi boda con el pañuelo de Julio.

Julio y yo con Alfredo y María Eugenia Fraile en Berlín.

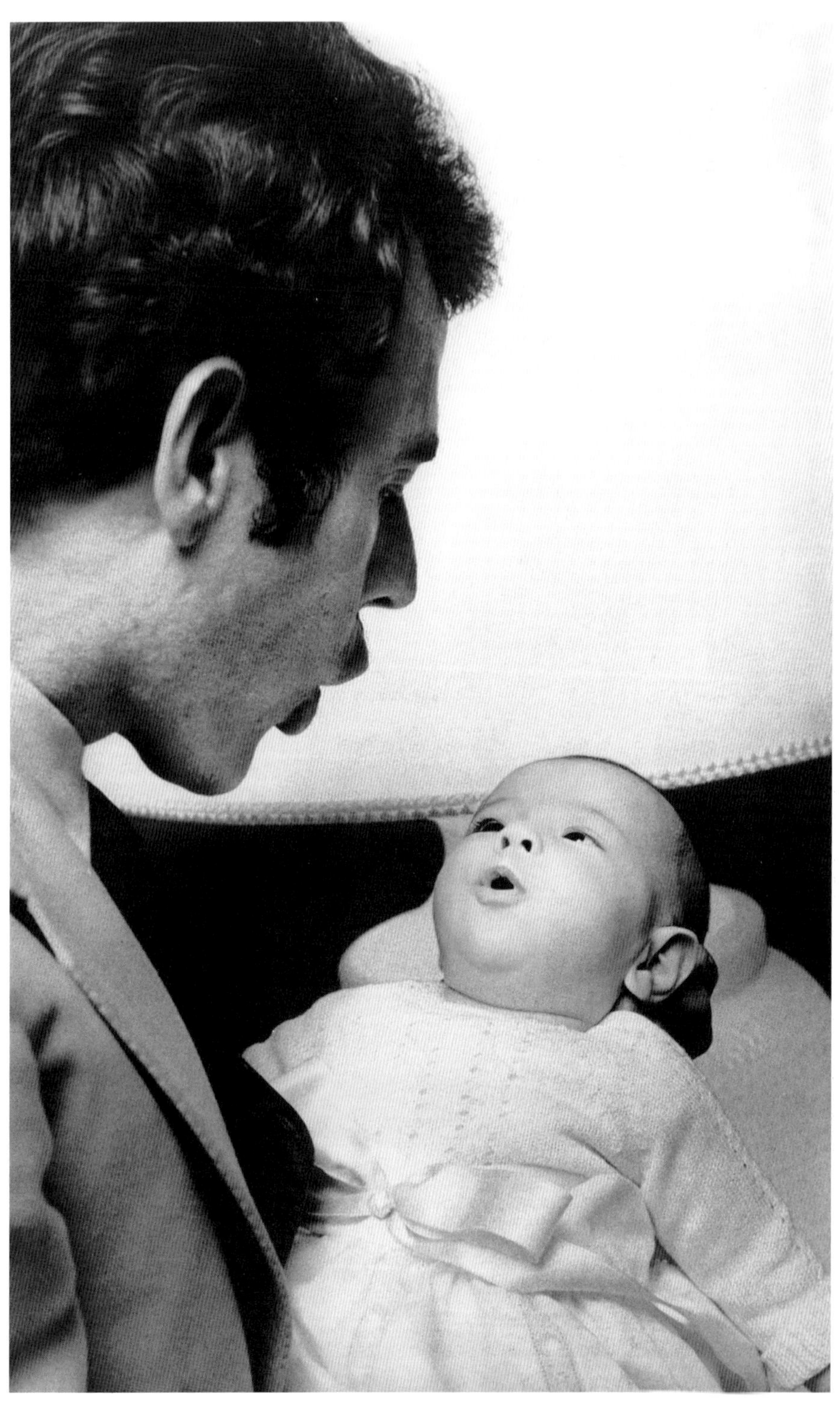

Julio y Chábeli, adoración desde el primer momento.

En la maternidad de O'Donnell el día que nació Julio Jr., con Chábeli.

Cenando en Florida Park con los reyes de Bulgaria, Simeón y Margarita, y Alfonso y Carmen Cádiz para ver el show de Julio.

Julio y yo en Barajas, llegando de un largo vuelo desde Filipinas con Chábeli y Julio Jr.

Con Chábeli y Julio en la piscina de nuestra casa en Guadalmar.

Julio y yo jugando al *ping-pong* con los niños en Guadalmar.

Julio y mi madre el día del bautizo de nuestro hijo Enrique en Madrid.

Verano en Guadalmar con los niños y mi madre.

Julio y yo siempre nos quisimos mucho
y seguimos teniendo muy buena relación.

Última foto antes de separarme de Julio,
en mi casa de San Francisco de Sales.

La seguridad de nuestros tres hijos fue un tema muy complicado. En aquella época el terrorismo estaba en pleno apogeo y Julio, incluso antes del secuestro de su padre, tenía pánico a que les sucediese algo a los niños. Por eso contrató a los agentes Jara y Lobo, dos profesionales de la seguridad que entonces trabajaban en el palacio de El Pardo y que nos había recomendado Carmen Martínez-Bordiú. Ya separados Julio y yo, nuestros hijos deseaban hacer su vida como los demás niños en Madrid y no podían. Les asignó un equipo fijo de seguridad que los acompañaba a todas partes. De los tres, quien más sufrió el hecho de ser hijo de famosos fue Julio hijo, porque siempre ha sido muy futbolero y todos los domingos me pedía permiso para ir al Bernabéu con sus amigos en autobús, cosa que no le permitíamos por su seguridad. Para mí era difícil y complicado negarle a mi hijo el que pudiera hacer los mismos planes que los niños de su edad. Enrique lo llevó mejor porque era más pequeño y Chábeli no lo sufrió tanto porque los planes de las niñas resultaban más fáciles de compatibilizar con la seguridad. Cada vez que iba a algún sitio con mis hijos tenía miedo, les sujetaba muy fuerte la mano y pensaba: «Así no se los pueden llevar sin llevarme a mí también».

Según pasaban los años, se hizo evidente que mi relación con Julio hacía aguas. Mientras que yo jamás sospeché que podía estar engañándome con alguna de sus fans o de sus compañeras de trabajo, y eso que algunas se excedían en sus muestras de admiración y cariño, él, en cambio, sentía unos celos enfermizos hacia cualquiera que se me acercara. Recuerdo dos escenas en Florida Park donde yo organizaba una mesa con nuestros invitados las noches en las que Julio actuaba. En una de esas cenas, a la que vinieron mi suegro, mi madre y alguien más de la familia, se acercó a nuestra mesa Alberto Elzaburu, marqués de la Esperanza, al que acompañaba su mujer Lula —los dos muy amigos nuestros— y me sacó a bailar. Cuando Julio salió de su camerino y vi la expresión de su cara, me di cuenta de que estaba muy disgustado. Inmediatamente dejé de bailar y me senté en la mesa, donde Julio muy enfadado, pero en voz baja, me dijo: «Isabel, no quiero que bailes ni con Dios», mientras yo sonreía intentando disimular la regañina que me estaba cayendo encima. Una semana después, y en la misma sala de fiestas, invitamos a un grupo de amigos a los que veíamos a menudo y entre los que estaban Carmen Martínez-Bordiú y su marido Alfonso de Borbón, duque de Cádiz; Paty Galatas y su entonces marido, y los reyes de Bulgaria. La orquesta empezó a tocar y mientras Julio se cambiaba en el camerino después de su *show*, el rey Simeón se levantó para sacarme a bailar. Yo pasé uno de los momentos de mayor apuro de mi vida, el rey delante de mí y yo sentada diciendo: «No, Señor, lo siento. No sé bailar». Él insistía y yo repetía: «Que no, no, no, no...», muerta de vergüenza mientras todo el mundo nos miraba y a mí solo se me venía a la cabeza la expresión en la cara de Julio y aquella frase demoledora pronunciada entre dientes: «No quiero que bailes ni con Dios».

Su excesiva protección y vigilancia me aisló del mundo. Había días en los que tenía la sensación de estar casi asfixiada. Después de sus escenas de celos que fueron a más, Julio siempre me pedía perdón y yo me hacía la absurda ilusión de que iba a cambiar. Y digo absurda porque los celos los llevaba inscritos en su ADN.

Recuerdo una ocasión en la que discutimos acaloradamente. Le pedí que asumiera que yo no le pertenecía, que no era ya esa niña, esa «pequeñaja» como me llamaba con cariño, con quien se había casado. Tras una larga conversación, Julio me abrió su corazón y me dio una explicación muy personal e íntima del porqué se comportaba así. Siempre guardaré para mí lo que me contó, aunque años después, y ya separada, lo compartí con la que nunca he dejado de considerar mi cuñada: Mamen Iglesias. Lo comprendí y aprendí a vivir con ello. Para complacerle, me olvidé de mí y me convertí en su ideal de mujer. Mi aspiración era aportarle tranquilidad y que nuestra relación no interfiriese en su trabajo. De esa manera, el mundo de Julio se iba ensanchando y el mío se iba reduciendo a las cuatro paredes de nuestro hogar. Mientras Julio viajaba y trabajaba por todo el mundo, yo no me movía de casa porque él no podía soportar que sonara el teléfono cuando me llamaba (entonces no existían los móviles) y que no me encontrara. La primera vez que después de nuestra boda viajó en solitario para cumplir con sus compromisos profesionales sugirió que, mientras él estuviese fuera de España, yo me fuera a vivir con mis tíos Miguel y Tessie. Afortunadamente ellos lograron quitarle la idea de la cabeza argumentando que no era sano para nuestro matrimonio que yo me mudara a vivir con ellos cada vez que él se ausentara y que, como mujer casada que era, tenía que madurar, aprender a llevar mi casa y, aunque Julio accedió, no hubo manera de convencerle de que me dejara salir con mis amigas o de que hiciera planes tan inocentes como ir al cine con mi cuñado Carlos Iglesias, al que quiero mucho, y con Mamen, su mujer.

Julio me había planteado mudarnos a Estados Unidos, porque consideraba que el traslado consolidaría su carrera internacional. Pensamos en ir a California en lugar de a Miami porque mis tíos tenían una casa en Atherton y para Julio siempre fue muy importante que yo estuviera cerca de alguien de mi familia. Y además porque Sony, la discográfica más poderosa del momento, tenía una de sus sedes en California. Viajé hasta allí para organizarlo todo; especialmente, quería encontrar un buen colegio donde matricular a nuestros hijos. Ese verano, en una de las visitas que me solía hacer mi suegro, a quien yo quise mucho y le confiaba muchas cosas, le comenté que no estaba nada contenta con la idea de irme, porque en Madrid era muy feliz. Me prometió que hablaría con su hijo para hacerle ver mi disgusto. Lo hizo, le convenció y retrasamos nuestra marcha un año más.

* * *

Y así estaban las cosas cuando me enteré de que Julio me había sido infiel.

Pocos días después de aquel encuentro con mi suegro, recibí la llamada que cambió mi vida. Una amiga que tenía muchos contactos en Miami me habló de la existencia de una chica cubana. Esta iba contando a diestro y siniestro que cuando Julio estaba por allí se acostaba con ella. Mi amiga me dio hasta el nombre y apellidos de aquella mujer.

Soy partidaria de enfrentarme a los problemas y no huir de ellos y, por eso, tan pronto como Julio aterrizó en Madrid y llegó a nuestra casa de San Francisco de Sales, le conté lo que sabía y aunque aún mantenía la esperanza de que él me lo negara todo y de que me dijera que no hiciera caso de habladurías... No fue así. Entre nosotros se instaló un silencio incómodo por unos segundos. Después, me miró, bajó la vista, y me reconoció que todo era verdad. A pesar de sentirme profundamente herida, tuve el reflejo de inventarme lo siguiente: «Y también sé lo de las otras mujeres». No lo negó: «No significan nada para mí. Tú eres la única mujer que me importa». Me quedé sin fuerzas y sin voz. Esa noche ya no durmió en casa, pero nuestra separación real tardó en producirse. Mantuvimos durante un tiempo una relación cordial pero distante. Un día, Julio coincidió en casa con el sacerdote que había bautizado a Enrique y le dijo: «¡Esta mujer y yo nos vamos a separar, pero esto no es definitivo porque vamos a volver a estar juntos!». Aquello lo repitió, asombrosamente, en varias ocasiones, aunque no nos lo creíamos ni él ni yo.

Cuando Julio asumió que nuestro matrimonio se había roto, se sintió tan destrozado como yo y ambos vivimos un duelo por nuestros días felices. Por los niños y por mí, decidí superar el dolor y tomar las riendas de mi vida. Comencé a salir con amigos. Tan pronto como la prensa me captó en Mau-Mau —una de las discotecas de moda de aquellos años—, corrió por todas las redacciones el rumor de que Julio y yo estábamos viviendo una crisis matrimonial. Julio paró en seco las habladurías: regresó de su gira, se dejó fotografiar conmigo e hizo ver que entre nosotros todo iba bien. En la intimidad del hogar, los dos sabíamos que nuestro matrimonio ya era algo pasado. Muy pocas personas conocían nuestra verdadera situación. Por mi parte, se lo conté a mi gran confidente, Carmen Martínez-Bordiú y a alguna amiga íntima más. Al principio no les dijimos nada a nuestras familias porque los dos sabíamos que les iba a doler mucho. Mi madre sentía adoración por Julio y el padre de Julio siempre fue un señor bueno, noble y muy cariñoso conmigo.

Mi madre se enteró de la noticia por Julio que la llamó para decírselo personalmente antes de que yo se lo comunicara. Tan pronto como lo supo, viajó a Madrid y trató de convencerme de que estaba cometiendo un error. Me pidió que perdonase a mi marido porque él me tenía en un pedestal y me quería muchísimo. La escuché, pero mi decisión ya estaba tomada. Tras nuestra separación, mis padres y yo estuvimos casi dos años sin hablarnos por el disgusto que les había dado e incluso obligaron a mi hermana Beatriz a que volviera a Manila para que, al sentirme sola, recapacitara y regresara con mi marido. En cuanto a mi suegro, fue su hijo quien se lo contó y vino de inmediato a hablar conmigo. Para Julio, su padre lo era todo. Siempre decía que lo cuidó sin reservas ni egoísmo y con una generosidad total cuando sufrió el accidente de coche que lo mantuvo postrado en una cama durante un año y medio, y por el que tuvo que volver a aprender a andar. Para mí, mi suegro fue una persona muy importante. Le quise mucho hasta el final de su vida. Poco antes de separarme de su hijo mantuvimos una larga conversación en la que me preguntó si estaba segura de mi decisión, porque para él era una gran equivocación y también quiso saber si en mis planes estaba el volver a casarme. Le respondí la verdad: francamente no sabía lo que iba a hacer, pero lo que sí tenía claro era que quería separarme de Julio y añadí que él sabía perfectamente el motivo. Me sugirió que lo pensara bien porque yo era muy inteligente y que sería bueno dejar pasar un tiempo. Según él, en ese momento estaba tan dolida que no razonaba con claridad. Ya separados e incluso anulados, mi suegro jamás cortó la relación conmigo. Continuó viniendo a mi casa y conoció a Carlos Griñón y a Miguel Boyer. No ocurrió lo mismo con Charo, mi suegra. Tras la separación, descubrí que no nos llevábamos bien. Mientras estuve casada, siempre fue una suegra correcta conmigo, pero después todo cambió, me enteré de que nunca me había querido y que únicamente me soportaba educadamente porque se veía obligada por su hijo. Julio se la llevó a vivir a Miami para que su padre rehiciera tranquilamente su vida con Ronna Keitt, la mujer de la que se enamoró, con la que se casó, con la que tuvo dos hijos, y con la que vivió feliz hasta su muerte a los noventa años.

Como padres, a Julio y a mí nos preocupaba mucho la reacción de Chábeli, Julio y Enrique por nuestra separación. No fue difícil explicárselo porque, además de ser muy pequeños, estaban acostumbrados a que su padre estuviera ausente durante largas temporadas. Chábeli era la que más nos inquietaba, porque era la mayor y la que más cuenta se daba de todo, pero tan pronto como le dijimos que viviría conmigo y que en las vacaciones visitaría a su padre se quedó tranquila y aceptó la idea. Siempre he intentado evitar que mis hijos presencien escenas desagradables y sufran cambios bruscos en sus modos de vida. Julio y yo pusimos todo de nuestra parte para ayudarles en ese período. Los dos habíamos decidido separarnos, pero Julio no quería formalizarlo legalmente y trataba de convencerme de no hacerlo diciéndome: «Por qué vas a dejar que el dinero que te pertenece se lo lleve otra».

Durante aquella época muy confusa emocionalmente conocí a Carlos Griñón. Coincidimos en la proyección de *Fiebre del sábado noche* en el cine privado que solía organizar para algunos amigos José Sainz de Vicuña, hermano de mi padrino. Carlos había acudido con Gioconda Cicogna, con la que estaba saliendo. Después de la película nos fuimos a cenar todo el grupo excepto ellos dos. Unos días después Carlos me llamó y comenzamos a salir. Le pedí ayuda cuando empecé a legalizar mi separación y me recomendó al abogado Antonio Guerrero Burgos, amigo suyo y con fama de ser muy duro. Tan pronto como Julio se enteró de mi elección, me llamó: «¿Quieres guerra? Pero ¿cómo se te ocurre contratar a ese abogado?». Si algo yo tenía claro es que no quería enfrentamientos ni conflictos porque teníamos tres hijos e íbamos a tener que seguir viéndonos el resto de nuestras vidas. Por eso me reuní con el abogado y le pedí que me explicase los pasos que pensaba dar. Se había enterado de que Julio acababa de firmar un contrato muy importante con Sony y me dijo: «A ti, Isabel, te corresponde la mitad del dinero porque os casasteis en régimen de gananciales». Pensé que no era justo porque yo era consciente de que ese patrimonio se lo había ganado Julio con su esfuerzo, su talento y su trabajo. Bajo ningún concepto quería que si yo rehacía mi vida con otro hombre, Julio pudiera pensar que viviríamos de él. Le comenté mi decisión a Guerrero Burgos, que me contestó: «Isabel, si quieres arrojarte por la ventana te tiras tú sola porque yo no voy contigo».

Así fue como me quedé sin abogado.

Le conté a Carlos todo lo ocurrido. Me apoyó en mi decisión, pero me advirtió que tuviera presente que un abogado siempre velaría por mis intereses. La preocupación no me dejaba dormir porque quería hacerlo todo correctamente. Me tomé unos días para reflexionar y, después, me reuní con Julio a solas en casa.

—¿Qué quieres dejarme? —le pregunté.

—El piso de San Francisco de Sales y la casa de Guadalmar —me contestó sin dudarlo.

Unos días después de aquel encuentro, su abogado Fernando Bernáldez me comunicó que Julio había decidido además del piso y la casa, pasarme una asignación mensual de 200.000 pesetas para mí y

180.000 pesetas para los niños. La mía me la retiró en cuanto solicité la nulidad matrimonial para casarme con Carlos, aunque La Rota tardó año y medio en concedérmela, pero la de nuestros hijos la mantuvo hasta que se fueron a vivir a Miami. Aparte de esa asignación, mi suegro se ocupaba de pagar directamente la seguridad de los niños y sus tres cuotas de socios del club Puerta de Hierro en Madrid.

La pensión es algo que nunca me preocupó, porque siempre tuve la seguridad de que podía ganar dinero por mí misma y, aunque no sabía bien en qué iba a trabajar, confiaba en hacerlo con éxito. En aquel momento, 200.000 pesetas era mucho dinero y me permitían vivir perfectamente.

Carlos y yo conseguimos mantener nuestra relación en secreto durante casi un año hasta que Jaime Peñafiel, que por aquel entonces era redactor jefe de *¡HOLA!*, me llamó un día para decirme que alguien había dejado un mensaje en el contestador de la revista diciendo que yo salía con Carlos Griñón. Decidí ir a escucharlo con Carmen Martínez-Bordiú y llegamos juntas a las oficinas de *¡HOLA!*, situadas en la calle Miguel Ángel. Cuando Jaime Peñafiel, con Carmen de testigo, reprodujo el mensaje que alguien había dejado en el contestador reconocimos la voz inmediatamente: era Beatriz von Hardenberg, duquesa de Sevilla, a quien delató su inconfundible acento alemán. Jamás entendí por qué lo hizo. Puedo tener mis sospechas sobre sus motivos, pero, aunque nos volvimos a cruzar varias veces, nunca le pregunté la razón que la había llevado a dejar ese mensaje.

Al salir del despacho de Jaime le pedí a Carmen que esperase y volví a entrar para aclararle mi situación con Julio: «Quiero que sepas que llevamos casi un año separados, pero que nadie lo sabe porque no lo hemos hecho público». Ni lloré ni protagonicé ninguna de esas escenas que tanto se han contado.

A principios de verano, Julio y Jaime Peñafiel redactaron el comunicado de nuestra separación que salió publicado en la portada de la revista ¡*HOLA*! el 22 de julio de 1978 y que decía:

> «Saliendo al paso de posibles especulaciones o noticias escandalosas, que pueden tener origen en la situación personal nuestra, conjuntamente nos consideramos obligados a explicar de una vez para siempre la determinación a la que libremente hemos llegado de separarnos legalmente. Ante todo, el supremo interés por nuestros hijos nos obligó a resolver de una forma amistosa y legal nuestras situaciones personales. Las razones por ser íntimas quedan para siempre en nuestra conciencia».

Me limité a firmar el comunicado sin quitar ni añadir una coma.

* * *

A Julio siempre le asombró que, durante toda aquella época de nuestro matrimonio, yo tuviera tan poco interés en salir en los reportajes que le hacían y en los que él quería que apareciéramos fotografiados juntos. Siempre tuve claro que Julio era el personaje público, que todo lo relacionado con la prensa formaba parte de su carrera y que mi función era ser discreta y permanecer en un segundo plano. Eso lo mantuve durante todo el tiempo que estuvimos casados.

En aquel momento lo último que se me hubiera ocurrido es pensar que llegaría a ser tan conocida y saldría tanto en las revistas. Nunca pronuncié la absurda frase que tantas veces se ha repetido a lo largo de cincuenta años: «Tendré más portadas que tú».

Tras conocerse la noticia de nuestra separación, el primero en llamarme y ofrecerme, con enorme generosidad, todo su apoyo y ayuda, fue Eduardo Sánchez Junco, propietario y director de *¡HOLA!* Su ofrecimiento totalmente incondicional me proporcionó seguridad y tranquilidad y, aunque nunca la necesité, hizo que la amistad, que a partir de entonces nos unió, se basara en mi enorme agradecimiento.

No tardé en recibir ofertas de trabajo en cuanto se supo que lo buscaba y varias marcas me propusieron hacer campañas de publicidad. Poco después, Eduardo me ofreció realizar temas de moda para las páginas de su revista. Mi labor iba a consistir en asistir a desfiles y presentaciones de las colecciones y luego escribir sobre ellas. A mí la moda me gusta verla, pero, aunque a muchos les pueda sorprender, no es un tema del que entienda ni en el que esté especialmente interesada. No siento la necesidad de seguir tendencias, sino que visto según mi criterio para sentirme favorecida y cómoda. Por eso agradecí mucho la oferta, pero, después de meditarlo, le comenté a Eduardo que pensaba que la candidata perfecta para esa tarea era Carmen Martínez-Bordiú porque amaba la moda y conocía sus entresijos especialmente al estar viviendo en París. Carmen aceptó el trabajo, lo hizo muy bien y lo disfrutó mucho.

Desafortunadamente no siempre me topé con hombres tan profesionales y correctos como Eduardo Sánchez Junco. Mi primera experiencia laboral fue muy desagradable. Un conocido me comentó que había un señor amigo suyo que quería hablar conmigo para ofrecerme un trabajo. Me mandó un Rolls-Royce a recogerme que me llevó al restaurante Zalacaín donde habíamos quedado citados. Se pasó toda la comida hablando de mí y, cuando llegamos al postre, pensé que al fin hablaríamos del trabajo, pero no fue así. «Sueño contigo —me dijo— y por eso conozco cada poro de tu cuerpo». Me quedé petrificada. No sé cómo logré levantarme y decirle que lo sentía muchísimo pero que me tenía que marchar. Mi primera entrevista de trabajo resultó ser una encerrona que nada tenía que ver con la vida laboral. Quedé con un sinvergüenza al que volví a ver años más tarde un día en televisión. Por supuesto, nunca más dirigí la palabra al que nos puso en contacto, que, cuando me veía, también me evitaba.

Unos años más de este desagradable almuerzo, fui contratada por Eduardo Sánchez Junco para llevar a cabo una serie de entrevistas a personajes importantes para la revista ¡*HOLA*! Empecé por Julio. El encuentro tuvo lugar en Miami, en su casa de Indian Creek y, en un momento dado, Julio me reveló entre risas: «Los celos, cuando naces con ellos, se desarrollan».

Julio fue mi primer marido. A su lado viví momentos muy felices e inolvidables y salí, para siempre, de la adolescencia y la inmadurez. Ese amor con el paso de los años se ha ido transformando en admiración y cariño mutuo y nuestros tres hijos nos han mantenido y nos mantendrán unidos. Si algún día nos necesitamos, nos tendremos el uno al otro.

8
Miami: desgarrador pero seguro

Cuando la seguridad de tus hijos corre peligro tomas decisiones muy difíciles, aunque el corazón se te rompa en mil pedazos. Pocas veces en mi vida he llorado tanto como cuando dejé a Julio y a Enrique en el aeropuerto de Barajas para que se embarcasen rumbo a una nueva vida en Miami lejos de mí. Ese fue el día más triste de mi vida. Me costaba hasta respirar y no encontraba consuelo en nada.

Aun así, poco después acompañé a Chábeli al Marymount, el internado de Londres en el que la matriculamos y donde estudió con su mejor amiga, Belén Cavero. Tuve mucho cuidado a la hora de elegir el colegio. Sabía que mi hija lo iba a pasar mal porque estaba muy unida a nosotros. Desde que pisamos el internado, Chábeli, que entonces tenía trece años, no paró de llorar. La directora trató de convencerla de que estudiar allí era un privilegio y no un castigo, pero mi hija no quería estar en Londres. Todos los fines de semana viajaba a Madrid para reunirse conmigo y, en cuanto finalizó el año, convenció a su padre para mudarse a Miami con sus hermanos. De esta manera, en muy poco tiempo, tuve que asumir que mis tres hijos, a quienes estaba muy unida, vivirían a miles de kilómetros de distancia.

Si su padre y yo tomamos una decisión tan drástica fue porque sentíamos una amenaza real. Mi familia vivía con el miedo en el cuerpo por una carta que yo había recibido y que llevé a Lorenzo Calatayud, por entonces secretario general de la Dirección de la Seguridad del Estado, el cual me aseguró que el contenido tenía apariencia de ser real. Me pidió que no se convirtiera en una obsesión y me aconsejó tomar una serie de precauciones que, por supuesto, llevé a cabo pero que no me ayudaron a perder el miedo. Menos aún cuando unos meses después tuvo lugar el secuestro de mi suegro en Madrid, a manos de ETA, el 29 de diciembre de 1981. Ese día, el padre de Julio se dirigía tranquilamente a su consulta para retomar sus rutinas tras haber pasado la Nochebuena en Miami con su hijo y con el resto de la familia. No llegó a su destino.

Recuerdo claramente todo lo que sucedió aquel 29 de diciembre. Carlos y yo estábamos pasando unos días en Gstaad con sus hijos, los míos y nuestra hija Tamara, aún bebé. Todo era perfecto hasta que recibí la llamada de Fernando Bernáldez, abogado y el mejor amigo de mi suegro. Me dijo con voz entrecortada que, aunque no lo sabían con total certeza, el padre de Julio había desaparecido y todo apuntaba a que se trataba de un secuestro. Me pidió que fuera yo quien se lo comunicara a Julio. Me quedé en *shock* mientras me comentaba que habían comprobado que no se encontraba ingresado en ningún hospital y que tampoco había sufrido ningún accidente. Colgué el teléfono, llamé inmediatamente a Julio a Miami e intenté suavizarle la noticia lo mejor que pude.

Durante las siguientes horas me costó controlar mi angustia y mi preocupación: pensaba, por supuesto, en mi suegro, pero también en la seguridad de mis hijos. Cada vez que los niños se iban a esquiar, aunque fueran acompañados y con monitor, yo no lograba mantenerme tranquila ni un segundo. Así que decidimos regresar a Madrid antes de tiempo. La situación era desesperante y Julio, con el que hablaba varias veces al día, estaba destrozado. Nada le calmaba. Yo hacía que los niños le llamaran por teléfono para distraerle un poco, pero él no podía dejar de pensar en su padre. Así vivimos durante los terroríficos veinte largos días que mi suegro pasó encerrado en un zulo sin ventanas en Trasmoz, un pequeño pueblo de Zaragoza próximo al Moncayo. En la madrugada del 17 de enero, un operativo montado por el comisario Juan Domingo Martorell logró rescatarlo y sacarlo ileso de aquella pesadilla por lo que Julio le ha estado siempre eternamente agradecido.

Tan pronto como mi exmarido confirmó la liberación de su padre, a las cinco de la madrugada, intentó localizarme, pero no pudo porque estábamos en el campo, en Casa de Vacas, la finca de Carlos, y allí no había línea telefónica. Finalmente, la buena noticia me llegó a primera hora de la mañana gracias a una persona que apareció en casa para darme el recado. Me fui al pueblo y hablé con Julio que estaba muy emocionado porque había podido hablar con su padre.

Tras su liberación, mi suegro le encargó a su abogado y amigo que me llamase porque quería verme antes de irse a Miami. Le pedí a Carlos, mi marido, que me acompañase al lugar de la cita, su domicilio en la calle de San Francisco de Sales en Madrid. Nuestro reencuentro estuvo lleno de cariño y emoción. En cuanto me vio, me dio un enorme abrazo y no paro de repetirme: «Isabel, te quiero mucho». A pesar de la terrible experiencia que acababa de vivir, se mantenía fuerte y sereno. Julio Iglesias Puga, como ya he contado, siempre se portó maravillosamente bien conmigo. Mientras estuve casada con su hijo fue como un verdadero padre para mí, mi separación de Julio no dañó nuestra relación y continuamos viéndonos, queriéndonos y respetándonos toda la vida.

Al día siguiente, el 19 de enero de 1982, llevé a mis tres niños, Chábeli, Julio y Enrique, a la sala de autoridades del aeropuerto de Barajas para que acompañasen a su abuelo a Miami. Aún conservo las fotografías que captan el emocionantísimo momento en el que mi exmarido se abrazó con su padre y el resto de la familia, en Indian Creek, tras la pesadilla vivida. En cuanto a los niños, debido a la edad que tenían en aquel momento y a pesar de haber sido testigos de todo nuestro sufrimiento y dolor por el secuestro de su abuelo, vivieron los hechos con la naturalidad propia de la infancia. Y el revuelo mediático tampoco les extrañó, porque estaban acostumbrados a que en cada acontecimiento familiar hubiera fotógrafos y periodistas alrededor.

Julio no tardó en plantearme la posibilidad de que los niños, por su seguridad, se trasladasen a vivir con él a Miami, a lo que me negué rotundamente al principio. Intentaba convencerme diciéndome que no fuese egoísta y pensara en la posibilidad de que a nuestros hijos les pasase algo. ¡Cuánto dudé...! Existía además el problema de que no conseguíamos ponernos de acuerdo sobre la persona que debería acompañar y cuidar a nuestros hijos. Julio había seleccionado y contratado a alguien que, según él, estaba muy preparada para el puesto, pero yo en quien confiaba a ciegas era en Elvira Olivares, la seño. Es verdad que cuando, más adelante, conocí a la persona que proponía Julio también me pareció una profesional estupenda.

La marcha de mis hijos se retrasó un año.

Hasta ese momento Miami había sido la ciudad a la que habían viajado para convivir con su padre durante las vacaciones y, aunque a veces se iban de Madrid llorando, una vez instalados allí eran muy felices. Sin embargo, el problema era que en ese viaje no iban a ir solo de vacaciones y, para convencerles del paso que estábamos a punto de dar como familia, les expliqué que aquello no iba a ser más que una prueba y les prometí que, si no les gustaba vivir en Miami, veríamos la manera de arreglarlo.

Al principio fue difícil y tardaron un tiempo en adaptarse. Habían dejado a todos sus amigos en Madrid y nuestras despedidas eran traumáticas y llenas de lágrimas. Las recuerdo con horror. Ahora, cuando lo pienso, estoy convencida de haber acertado en la decisión de que mis hijos continuaran viviendo en Estados Unidos, donde pueden llevar la vida que les encanta. En caso contrario, Chábeli no habría conseguido vivir en España tan discretamente como lo ha hecho allí todos estos años. Julio no hubiese podido seguramente dedicarse a cantar que es lo que más le gusta y Enrique nunca habría llegado tan alto en su carrera.

El día que mis hijos se fueron asumí, mientras se me desgarraba el alma, que sería por mucho tiempo, pero jamás creí que iba a ser para siempre. Aunque la distancia nunca ha dejado de dolernos, hemos aprendido a valorar las ventajas de contar, afortunadamente, con lo mejor de ambos mundos.

Empecé a viajar a menudo a Miami para verlos y me quedaba con ellos en casa de Julio. Más adelante, compró una casa en Bay Point para su madre, Charo, los niños y la seño. Enrique se sacó el carnet de conducir a los quince años y, cuando los visitaba, me llevaba en coche de un lado a otro y todos mis recados los hacía con él. Siempre tuvieron claro que, a pesar de la distancia, existía entre nosotros una conexión enormemente profunda que jamás se rompería. Al igual que en Madrid, yo seguí estando muy pendiente de ellos y de sus amigos y, cada vez que venían a España, todos nuestros planes se organizaban conforme a los suyos.

Siempre he pensado que era mejor que mis hijos trajeran sus amigos a casa a que fuera al revés y yo no pudiera vigilar con quiénes iban. Por eso, los invitaban todos los fines de semana y también a nuestros viajes en verano y Navidad.

Mientras vivieron conmigo yo me enteraba, por la directora del colegio, de cuáles eran los niños más estudiosos y les pedía a mis hijos que los incorporasen a nuestros planes. Con el tiempo, esos amigos les fueron a visitar a Estados Unidos y sus compañeros de Miami venían a Madrid para pasar las vacaciones con nosotros. Los tres han sabido conservar sus amistades de hace cuarenta años y eso es algo a lo que yo he dado siempre muchísima importancia porque he hecho lo mismo.

A día de hoy, soy consciente de que sin la seño jamás hubiera podido sobrellevar la separación de mis hijos. Para todos nosotros, después de tantos años, es un miembro más de la familia y una pieza fundamental de nuestra vida. Elvira Olivares nació en Cuenca, en una familia de militares, lo que se le notaba en su carácter firme y lleno de autoridad. Esto les vino muy bien a mis hijos y a mí me daba mucha tranquilidad porque también era muy cariñosa con ellos. Elvira llegó incluso a renunciar a formar su propia familia para seguir a su lado. Me la recomendaron Ignacio Benthem y su mujer Silvia, prima de Carlos Griñón, que hablaban maravillas de ella porque había cuidado a sus hijos y, aunque hice muchas entrevistas, al final seguí mi instinto y no me equivoqué: Elvira era la persona indicada.

No le costó adaptarse a la vida en Miami. Curiosamente, y a pesar de todo el tiempo que vivió en Estados Unidos, no quiso aprender a hablar inglés y, aunque yo la animaba a que tomara clases, me decía que no lo veía necesario porque en Miami todo el mundo hablaba español y ella se desenvolvía perfectamente. Elvira se hizo muy amiga de Miriam, la cocinera de Julio y también de Blanquita, que la ayudaba con el cuidado de los niños. Es cierto que la seño y Charo, la madre de Julio, no se llevaban bien y discutían a menudo por cuestiones domésticas. Cada vez que eso ocurría, yo le pedía siempre a Elvira que procurara no tener roces con mi exsuegra y que se centrara en ocuparse de los niños, aunque al final, de una manera o de otra, la seño siempre se salía con la suya. Mientras Chábeli, Julio y Enrique fueron pequeños, yo hablaba con Elvira casi a diario para darle instrucciones, pero también para que me mantuviese al tanto de todo y, aunque los miles de kilómetros de distancia no ayudaban, procuré estar presente en cada momento de la vida de mis hijos.

Estando en Miami la seño sufrió una desgracia: su hermano murió en un accidente de tráfico. Julio, que siempre ha sido muy generoso, les sacó unos billetes de avión a ella y a Miriam, la cocinera, para que la acompañara a Cuenca, y pudiera despedirse de él. Yo también fui al entierro para estar con ella en esos duros momentos. Me llevó Francisco, el chófer que ya era como de la familia pues llevaba más de treinta años con nosotros. Mis tres hijos la querían tanto que, cuando Chábeli se independizó, quiso que se fuera con ella, pero Elvira nunca ocultó su debilidad por Enrique con quien estuvo hasta su jubilación. Los tres siguen en contacto con ella.

A medida que escribo estas líneas revivo mi dolor por todas las despedidas que protagonizamos durante aquellos años. Yo quería pasar con mis niños el máximo tiempo posible, pero desde que aterrizaba en Miami el corazón se me encogía porque sabía que, en unos días, tendría que separarme de nuevo de ellos. Aquellas despedidas en el aeropuerto eran demasiado tristes para todos. Llegué a pensar que quizá sería mejor no verlos tanto para no pasar por ese trago amargo, pero acababa ganando mi necesidad de abrazarles, de sentirlos cerca y de decirles al oído todo lo que les echaba de menos. Siempre buscaba mil excusas para reunirnos de nuevo y, por ejemplo, si viajaba a Nueva York, les pedía que se encontrasen conmigo allí.

En Semana Santa, hacíamos un viaje todos juntos, estuvimos en México, fuimos a Mustique, a las islas Vírgenes y varias veces alquilamos un barco para navegar por el Caribe y el Mediterráneo. Venían a España en Navidad y en los meses de verano yo intentaba organizarles planes divertidos tanto en Madrid como en Marbella en donde, por ejemplo, Peter Viertel, el marido de Deborah Kerr, se los llevaba muy temprano por las mañanas a hacer surf. Lo único que les pedía es que estuvieran de vuelta a la hora del almuerzo y de la cena porque, si no, no les veía el pelo. Chábeli, como era la mayor, salía hasta más tarde, pero Julio y Enrique tenían que regresar antes a casa. Cada vez que llegaban, llamaban a la puerta de nuestro cuarto para avisarme de que ya estaban en casa y Miguel, entre risas, me decía: «Pero ¿no les puedes poner a todos la misma hora para que no nos despierten varias veces a lo largo de la noche?». La seño, que no perdía detalle de los pasos de mis hijos, me advirtió que tuviese cuidado porque había oído decir a Julio y a Enrique que, usando la escalera de servicio que tenemos en Puerta de Hierro, podían subir chicas a sus habitaciones por la noche sin que lo supiéramos. En Marbella tenían sus habitaciones en la planta baja y, al parecer, se las arreglaban para meterlas en casa, de lo que me enteré muchos años después. Alguna vez, tuvimos invitadas inesperadas y desconocidas que se sentaban con nosotros a la mesa a la hora de comer sin que nadie les hiciese ninguna pregunta incómoda.

Siempre que a mis hijos les hacen una entrevista coinciden en que lo que con más cariño recuerdan son sus veranos en Marbella y los fines de semana, con Carlos Griñón, en el campo.

9
Chábeli, Julio y Enrique

Imagino que le pasará a cualquier madre pero, al menos a mí, me resulta muy difícil ser objetiva al hablar de mis hijos. Los adoro. Son, sin lugar a dudas, lo más importante de mi vida junto a mis nietos. Desde que me levanto hasta que me acuesto no puedo dejar de pensar en ellos. Los cinco son muy diferentes entre sí, pero se quieren mucho, se llevan muy bien y mantienen una complicidad muy especial. Y si hay algo de lo que me siento orgullosa es de la buena relación que siempre ha existido entre todos ellos.

Con Chábeli me estrené en la maternidad; una gran suerte porque desde siempre fue una niña extremadamente responsable, tanto, que cuando nacieron sus hermanos, se tomó muy en serio su papel de hermana mayor y se ocupó mucho de ellos. Ahora, además de continuar haciéndolo, también está pendiente de su marido e hijos, de su padre y de mí. Hay gente que nace con una sensibilidad especial para tratar a los demás y ella es una de esas personas. Tiene un corazón enorme. También fue una nieta excepcional. Mantuvo una relación cercana con mi padre y extraordinaria con mi madre. Durante su adolescencia solía pasar un par de meses al año con su abuela en Manila. Cuando mi madre enfermó, Chábeli llegó a instalarse con su marido y sus dos hijos en Filipinas para cuidarla. A mí me llamaba varias veces al día para informarme sobre cómo iba evolucionando. Esa decisión tan generosa de mi hija me tranquilizaba muchísimo, porque yo estaba segura de que ningún profesional podría cuidarla tan bien como ella. Era la nieta a la que mi madre adoraba y cuya presencia le hacía sacar fuerzas de donde no las tenía. Conmigo quiere hacer igual. Estamos tan unidas que raro es el día en que no hablamos por teléfono… varias veces. Siempre me está diciendo que, cuando yo sea muy mayor y ya no me pueda valer por mí misma, me llevará a vivir con ella. Como es tan buena organizadora, ya tiene planeada la reforma de su casa de Carolina del Norte para distribuir todo en una sola planta y que yo esté cómoda sin tener que subir escaleras. E incluso ha empezado a pensar en cómo será mi vida allí. Está encantada porque tiene alrededor vecinos que intercambian productos ecológicos que ellos mismos cultivan. Dice que me llevará al Country Club para que juegue a las cartas con las viejecitas americanas. Según ella, aunque yo no he jugado a las cartas en mi vida, cuando sea mayor me divertirá. Yo me río con sus ocurrencias porque, aunque este panorama me parece muy improbable, nunca se sabe.

El verano en el que Chábeli vino al mundo, mi vida cambió para siempre. Casi dos meses después de su nacimiento mi madre, Chábeli y yo dejamos Cascais y regresamos a Madrid. Julio estuvo tan pendiente de nosotras que hizo varios altos en sus galas veraniegas para venir a vernos. La bautizamos el 30 de octubre de 1971, en nuestra parroquia cercana al estadio Santiago Bernabéu y a Profesor Waksman, la calle de nuestro primer hogar, y sus padrinos fueron Carlos Iglesias, el hermano de Julio, y mi hermana Victoria —cuya hija mayor, Maite, es a su vez mi ahijada, y Cristina, su otra hija, tiene la edad de Chábeli—. En las fotografías que conservo de la ceremonia Chábeli aparece con los ojos muy abiertos y atenta continuamente a lo que ocurría a su alrededor. Siempre cautivó a todos por ser una bebé muy despierta y alegre.

Con ella aprendí a ser madre. Quizás por eso, Chábeli y yo establecimos lazos muy fuertes. Estábamos tan unidas que, cada vez que nos separábamos y aunque fuese por unas horas, lloraba desconsoladamente y a mí se me partía el alma. Por ejemplo, los fines de semana que íbamos al campo, mandábamos a los niños de regreso a Madrid el domingo para que el lunes llegaran sin contratiempos al colegio. ¡Solo íbamos a estar una noche separadas, pero para las dos aquello era una gran tragedia! Tanto que llegué a pensar en volverme antes con mis hijos porque no me compensaba.

Mi hija fue buena estudiante, pero como suele ocurrir tuvo su época de adolescente rebelde, aunque, afortunadamente, nunca dejó de escuchar los consejos de mi madre que ejerció una gran influencia sobre ella. Chábeli deseaba salir y viajar mucho más de lo que a mí me parecía razonable. Julio, famoso ya mundialmente, sentía debilidad por su hija y ella sabía cómo convencerle para conseguir todo lo que quería. Estaba tan acostumbrada a las cámaras desde niña que siempre se comportó ante ellas con total naturalidad. Era muy despierta y espontánea. A los catorce años en un viaje con su padre a Japón, cenaron con el dueño de Mitsuya, uno de los refrescos japoneses más vendidos. A este empresario se le ocurrió la idea de que ella fuera la imagen de Mitsuya y, como a Chábeli le hacía tanta ilusión, convenció a Julio para que protagonizase la campaña publicitaria que incluía anuncios para la televisión. Más adelante la contrataron como presentadora en Univisión.

Chábeli me ha comentado alguna vez que la prensa española no la conoce bien y que muchos de los artículos que se han publicado sobre ella no son ciertos. La verdad es que se marchó muy joven a Londres y después a Miami y solo venía a España en vacaciones.

Su primer amor fue Juan Claudio Abelló. Su historia se dio de una manera muy natural porque sus seños eran amigas y jugaron juntos desde pequeños. Según fueron creciendo, tenían tantos amigos en común que coincidían en las mismas fiestas. Se gustaban, pero eran demasiado jóvenes para comenzar algo verdaderamente serio.

Tras esa ilusión adolescente conoció a Fadi Mudarres. Sus tíos Wafic y Rosemary Saïd, amigos de Miguel y míos, nos invitaron a almorzar en su casa de Marbella justo el día en el que Chábeli cumplía dieciocho años. Cuando llegamos y Fadi la vio se produjo un flechazo inmediato y estuvieron saliendo todo ese verano. La madre de Fadi había fallecido cuando él tenía once años, su padre se había vuelto a casar y él había crecido en casa de sus tíos como un hijo más. Se enamoraron tanto el uno del otro que Chábeli se fue a vivir a Georgetown en donde Fadi había comenzado sus estudios de Derecho y ella pudo continuar los suyos de Arte. Me encantaba verla feliz pero eran demasiado jóvenes y su historia de amor duró dos años.

Al poco tiempo, en una cena que organizó Petra Mateos, jefa del gabinete de Miguel en el ministerio y quien en el pasado había trabajado con Ricardo Bofill padre, Chábeli conoció a Ricardo hijo y congeniaron enseguida. No pararon de hablar en toda la noche y la atracción fue inmediata. Ambos, que habían estudiado en Estados Unidos, sintieron que tenían mucho en común y que sus vidas estaban enlazadas. Fue un noviazgo que se afianzó en un viaje muy especial organizado por Ricardo padre a Marruecos, durante el que recorrieron gran parte del país. Chábeli nunca ha olvidado esos días y sobre todo a su suegro al que admiraba enormemente y al que quiso mucho. Un cariño que siempre fue totalmente correspondido.

La boda se celebró el 11 de septiembre de 1993. Julio, a quien no le fue fácil aceptar que «la niña de sus ojos» se casaba, me dio carta blanca para organizarlo todo. Chábeli tenía veintidós años y, aunque la veíamos demasiado joven, estaba tan ilusionada que hicimos todo cuanto estuvo en nuestras manos para que aquel día fuera inolvidable y se sintiera la novia más feliz del mundo. Invitamos a unas 250 personas al Taller de Arquitectura del padre de Ricardo, una antigua e imponente cementera ubicada en Sant Just Desvern, a las afueras de Barcelona. Contraté a Alejandro Heren, el mejor decorador del momento, para que crease un ambiente cálido en aquel espacio tan industrial. Lo logró con nota. Entre otros detalles las mesas estaban preciosas, llenas de hojas naturales y adornos florales. Julio y yo no podíamos dejar de mirar a nuestra hija vestida de novia con un precioso diseño de Valentino Alta Costura, de Dafnis. José Luis, un incondicional en nuestras celebraciones, sirvió el cóctel y la cena corrió a cargo de El Bulli que hizo una excepción con nosotros. Aunque habían adoptado la norma de servir únicamente en su restaurante, aceptaron nuestro encargo. Tuvo un gran éxito la tarta nupcial, también decorada por Heren. Fue un día muy emotivo y de sentimientos encontrados, porque, aunque queríamos la felicidad de nuestra hija, no estábamos seguros de que hubiera tomado el camino correcto.

Poco tiempo después de la boda, Chábeli despertó a una dura realidad. Los recién casados vivieron primero en Madrid, en un piso de la calle Henri Dunant mientras que Ricardo colaboraba en Canal Plus. Después, se mudaron a Miami y fue allí donde muy pronto Ricardo y Chábeli descubrieron que eran más las cosas que los separaban que las que los unían. Su matrimonio apenas duró un año y medio en buena parte por culpa de los problemas de Ricardo con las drogas. Los Bofill y nosotros, Miguel y yo, nos teníamos afecto y, por eso, Ricardo padre me pidió que hiciéramos todo lo posible para que nuestros hijos siguieran juntos. Pero en ese punto fui muy clara: tanto mi hija como yo rechazábamos cualquier tipo de adicción y, dadas las circunstancias, era imposible que su matrimonio funcionase. Le pregunté a Chábeli que como era posible que no se hubiera dado cuenta del problema de Ricardo. Con su habitual sinceridad, confesó que lo sabía, pero que le había jurado que cambiaría con su ayuda y ella le había creído. Desgraciadamente no fue así. Mi hija, que lo pasó muy mal, le pidió que se fuera de casa y Ricardo se instaló en South Beach en donde empezó a vivir la noche de Miami y conoció a Paulina Rubio.

Tan pronto como pude, cogí un avión y viajé hasta allí para que mi hija sintiera todo mi apoyo. Quería ayudarla a recomponer lo antes posible su corazón roto. El divorcio y posterior noviazgo de Ricardo con Paulina generó el interés de la prensa, lo que comenzó a resultarle agobiante a Chábeli, por lo que decidió irse a vivir a Washington en donde compró una casa. En aquella época seguía trabajando para Televisa Univisión y pasaba dos semanas al mes en México grabando el programa. En uno de esos viajes conoció a un empresario norteamericano, James Miller. Se enamoraron y ella dejó Washington y se fue a vivir con él a California, a su casa de Santa Mónica. Durante aquella historia, que duró seis años, mi hija sufrió un accidente de coche que casi le cuesta la vida.

En nuestros calendarios hay fechas que querríamos olvidar para siempre. En el mío, una de ellas es el 20 de junio de 1999. Ese día James y Chábeli decidieron salir a comer a un restaurante. Iban en su coche cuando una señora mayor se saltó la señal de «STOP» en un cruce y chocó con ellos. Mi hija, según me contó la policía y a pesar de llevar el cinturón de seguridad abrochado, salió disparada por el techo solar del coche que afortunadamente estaba abierto lo que la salvó de daños mucho mayores. La terrible noticia me la comunicó Debbie, la hermana de James. Recibí su llamada mientras cenábamos todos en casa, en Madrid. Me dijo que su hermano y mi hija estaban en la UCI y que me recomendaba viajar de inmediato a Los Ángeles. Colgué el teléfono y llamé enseguida a Julio para contarle lo que había ocurrido.

Se quedó devastado con la noticia. Padre e hija siempre han tenido, y siguen teniendo, una relación muy especial, un carácter muy parecido y Chábeli continúa siendo su ojito derecho. Julio no se lo pensó dos veces y decidió volar inmediatamente a Los Ángeles en su avión para llegar enseguida a UCLA, el centro médico donde estaba ingresada. Llamé también a los padres de James que ya estaban organizándose para viajar de Boca Ratón, donde tenían una casa, a Los Ángeles para estar con su hijo. Y hablé con Julio para que volaran con él a California.

A todo esto, yo no había tenido tiempo de asimilar la gravedad de la situación. Eran las once de la noche en Madrid y me quedaban aún muchas gestiones que hacer antes de coger el vuelo temprano. A mi madre, que estaba en casa pasando una temporada con nosotros, le dio un ataque de nervios porque Chábeli era su nieta favorita. Le pedí que, como yo, hiciese un esfuerzo por mantener la calma.

Tengo que reconocer que se me pasaba de todo por la cabeza y solo podía pensar en mi hija. Quería asegurarme de que lo que me habían estado contando era cierto y que no intentaban ocultarme una realidad más grave. Vivir situaciones de este tipo en la distancia es mucho más angustioso que en la cercanía, pero tienes que mantener la calma y actuar rápido. Por eso, desperté a unos amigos nuestros, Marc Rich y su mujer Gisela, que esa noche estaban en su casa de Suiza, para que me diesen el teléfono del doctor Steven Hoefflin, el cirujano plástico del momento que operaba a todas las estrellas de Hollywood y a quien yo conocía. Hablamos, le pedí que fuese a verla, lo hizo y me llamó después. Gracias a él me subí más tranquila al avión. Me había dicho que todo estaba bajo control. En paralelo, Julio también había avisado a un médico cubano amigo suyo que estuvo muy pendiente en todo momento de la evolución de Chábeli.

Tamara ni se lo pensó. No estaba dispuesta a que hiciera ese viaje sola, así que, sin decirme nada, llamó a su padre y le pidió permiso para venirse conmigo y faltar al colegio. Por supuesto que, dada la gravedad del asunto, Carlos no le puso ningún impedimento. Hicimos el viaje casi sin hablar. Cuando aterrizamos en Los Ángeles fuimos directas al hospital. Me impresionó muchísimo ver a Chábeli en la cama, con la pierna vendada y treinta siete puntos en la cabeza, pero sentí que tenía que ser fuerte por las dos. Verla, aunque fuese así, era un alivio y, a pesar de la terrible escena, solo podía dar gracias porque mi hija estaba viva, en muy buenas manos, los médicos eran optimistas sobre su recuperación y, si todo salía bien, no le quedarían secuelas.

Me pasé horas en la habitación acariciando la mano de Chábeli.

Ya por la noche, Tamara y yo nos fuimos a dormir a su casa. Lógicamente, yo no tenía ganas de ir a cenar a ningún restaurante, así que preparé para Tamara y para mí el único plato que había aprendido en casa de tía Tessie: corté el pan en rebanadas, le puse tomate, queso, sal y pimienta por encima y metí todo en el horno. Al día siguiente, repetí la misma receta. Tamara no se quejó de que aquello, además de no ser una cena, lo quisiera preparar una segunda noche. La pobre, a la tercera, me dijo que ya no podía más. Yo sigo sin saber nada de cocina y no sé si habrá tenido o no algo que ver, pero Tamara ahora es chef en Le Cordon Bleu.

Después de unas semanas ingresada, Chábeli salió del hospital en silla de ruedas. Contraté a unas enfermeras americanas para que la atendieran, aunque yo me quedaba más tranquila si nos ayudaban desde la agencia española que nos ha llevado siempre a mis hijos y a mí todo lo relacionado con el servicio doméstico de manera excelente. Hablé con Petrita, propietaria de la agencia, y me recomendó a Teresa, una extraordinaria profesional con un excelente currículum. Desgraciadamente, en ese momento se encontraba trabajando en Suiza. Conseguimos convencerla para que se viniera a cuidar a mi hija y no nos equivocamos: se ocupó de Chábeli maravillosamente bien.

Un mes más tarde, tuve que regresar a Madrid. Había dejado solos a Miguel y a Ana, pero me fui muy tranquila porque mi hija mayor se quedaba en muy buenas manos. De hecho, años después, Chábeli volvió a contar con Teresa, cuando mi nieto Alejandro nació prematuro. Desafortunadamente, James no tuvo tanta suerte como ella porque, aunque le operaron varias veces, nunca quedó bien del todo. Después de un largo proceso de recuperación la relación entre ellos se enfrió hasta romperse. Supongo que lucharon mucho por volver a estar como antes, pero no lograron superar las secuelas que el accidente había dejado no solo en sus cuerpos, sino también en su relación. Esto llevó a Chábeli a hacer de nuevo las maletas y regresar a Miami.

La vida nos tiene reservadas sorpresas que aparecen de la manera más insospechada. Poco después de la mudanza de mi hija a Florida, Plácido Domingo nos invitó a un concierto en Nueva York. Pedí a Chábeli y a Tamara que me acompañaran. No recuerdo bien por qué Chábeli llegó a Nueva York antes que nosotras, pero en aquel vuelo conoció a Christian Altaba, su actual marido, que viajaba con su padre y su hermano. Cuando Tamara y yo aterrizamos en La Guardia, Chábeli me contó que había quedado a cenar en un restaurante con sus compañeros de vuelo. Le dije que estaba loca si salía con unos absolutos desconocidos con los que solo había coincidido en un avión. Chábeli me contestó, totalmente convencida, que eran unas personas estupendas y que no debía preocuparme porque tenían muchos amigos en común. Después de aquella noche, Christian y mi hija no se han separado jamás. Llevan casados veinticuatro años porque el 8 de octubre de 2001 celebraron su boda civil en Miami, en la más estricta intimidad. Chábeli lo mantuvo en secreto y la noticia fue una sorpresa para todos nosotros. El único que lo sabía, y que acudió como testigo, fue su hermano Julio. Mi yerno Christian es un hombre estupendo, un padre ejemplar y un marido excepcional que la apoya en todo y eso me hace quererlo cada día más.

Tres meses después de la boda, el 14 de enero de 2002, nació mi primer nieto, Alejandro, con menos de seis meses de gestación y con apenas 875 gramos de peso. Desde su primer día de vida, Alejandro ha sido un guerrero y ha superado muchas dificultades. Ahora tiene veintitrés años, está estudiando la carrera de Derecho en la American University de Washington y es un chico muy sano y cariñoso que me hace muy feliz cada vez que paso unos días con él en Madrid o en Miami. Es el ejemplo vivo de lo que fue un milagro: un bebé prematuro extremo que pudo salir adelante y tener una vida plena.

Los días previos al nacimiento de Alejandro fueron muy complicados. Tras su boda, Chábeli y Christian pasaron la Navidad en Madrid. Después, Julio le pidió a su hija que lo visitara en Punta Cana y fue allí cuando comenzó a sentir molestias. Tan pronto como Chábeli me contó sus síntomas, llamé a mi amiga Maritzita Bonetti, que vive en República Dominicana y que, más que una amiga es un ángel de la guarda que siempre está cuando la necesito. Contactó enseguida con su ginecólogo y este recomendó que Chábeli debía viajar de inmediato a Estados Unidos porque podía dar a luz en cualquier momento. Julio la trasladó en su avión al Jackson Memorial Hospital, en Miami, uno de los centros médicos más prestigiosos de Estados Unidos en todo lo relacionado con la atención a bebés prematuros.

El jefe de la Unidad de Neonatos era, en aquel momento, Eduardo Bancalari, doctor chileno que estuvo siempre pendiente de Alejandro, al igual que su mujer, la doctora Teresa del Moral, española y miembro del equipo de Neonatología del mismo hospital, una gran profesional que demostró una enorme empatía y cariño hacia Chábeli y mi nieto. Lo que debía haber sido un acontecimiento sencillo y muy feliz, el nacimiento de mi primer nieto lo vivimos con mucha angustia y preocupación. En aquel momento solo quería estar junto a mi hija, por lo que volé inmediatamente a Miami. Cuando llegué,

Chábeli estaba en reposo absoluto. Los doctores decían que cada día que el bebé permaneciera en el interior de su madre era una pequeña victoria. Al cabo de una semana, Alejandro nació de parto natural. Habíamos llegado a temer por su vida y que estuviese allí ya era un triunfo. Pero yo lo contemplaba a través de los cristales de la incubadora y se me partía el alma: lo veía tan pequeñito, tan lleno de tubos, recibiendo tantos pinchazos... que temía que no pudiera sobrevivir. Aún recuerdo con horror aquellos días de incertidumbre porque, aunque los doctores nos aseguraron que Alejandro se iba a salvar, también nos informaron de los riesgos que corrían los bebés tan prematuros.

Chábeli se mantuvo muy fuerte hasta el día en el que le dieron el alta y tuvo que dejar a su bebé en el hospital. Cuando llegamos a su casa, y mi hija entró en la habitación que le había preparado a su niño con toda la ilusión del mundo, se derrumbó. Nadie está preparado para ir a dar a luz y volver a casa sin su hijo. Se echó a llorar y, una vez más, traté de ser fuerte por ella porque me rompió el corazón verla así. Entendí perfectamente el dolor que debía sentir al no tener a su hijo en casa y, también, toda su incertidumbre al saber que su pequeño se debatía entre la vida y la muerte. No hubo ni un solo día, durante aquellos largos meses que mi nieto estuvo ingresado, en el que Chábeli y Christian no fueran a verlo. Al principio ni siquiera tenían el consuelo de poder cogerle en brazos ni acariciarlo. Si mi nieto salió adelante es porque su madre se empeñó en que lo hiciera: pasó muchísimas horas aprendiendo y poniendo en práctica todo lo necesario para el desarrollo de un bebé prematuro. Cuando le permitieron llevarse a Alejandro a casa, no se separó ni un minuto de él ni de día ni de noche durante un mes y medio.

Diez años después del nacimiento de Alejandro, el 4 de enero de 2012, llegó al mundo mi segunda nieta, Sofía. Hoy es una niña de trece años muy cariñosa y que, en muchas cosas, me recuerda a su madre cuando era pequeña. Con Alejandro y Sofía aprendí a ser abuela. Las sensaciones que experimenté con los dos me ayudaron a la hora de recibir a todos los que han venido después. Para ellos soy Lala porque a Alejandro, cuando empezó a hablar, le costaba decir abuela y me llamaba Lala y con ese nombre me he quedado. Ahora todos mis nietos lo hacen, y me encanta.

* * *

El nacimiento de Julio, mi segundo hijo, también fue muy accidentado. En el verano de 1972, mi entonces marido se encontraba de gira. Se fue tranquilo porque habíamos comprado una casa pegada a la de mis tíos Miguel y Tessie, en Málaga, en Guadalmar, un lugar muy familiar. De hecho, hasta llegamos a abrir una puerta en la valla del jardín para que las dos casas estuvieran comunicadas. La urbanización la habían construido tío César de Zulueta —padrino de mi hermana Beatriz—, tío Luis Ossorio y también Gerald Wilkinson, propietarios los tres de buena parte de los terrenos. A ellos se les había ocurrido hacer allí un club de gente filipina-española. Tenían casa íntimos amigos de mis tíos, como por ejemplo María Teresa y Eduardo Vega, Tala Marone y su marido José Carlos Álvarez de Toledo y su hermana Giovanna Marone casada entonces con Jaime Galobart. Era muy divertido reunirnos todos y disfrutar de las actividades que se organizaban para los socios, muchos de ellos malagueños. Pero aquel verano yo no me encontraba bien. Creía que estaba embarazada, aunque mi tía Tessie me decía que era imposible porque en bikini no se me notaba absolutamente nada. Cuando las molestias se agravaron me llevaron a Málaga, al hospital Carlos Haya. Un médico de ese centro me confirmó que había estado embarazada, que lo había perdido y que debían hacerme un legrado. Se lo conté a Julio por teléfono y me pidió que esperara a que llegara su padre que ya estaba en camino. Después de revisarme, mi suegro decidió que no era necesaria ninguna intervención. Las molestias cesaron y en un par de meses se me comenzó a notar el embarazo. Gracias a su gran profesionalidad no me hicieron el legrado porque, de haber sido así, Julio, mi hijo, no hubiera nacido.

El 25 de febrero de 1973, en la Maternidad de O'Donnell en Madrid, nació mi segundo hijo. Ese día, Julio llegaba de una gira y, como era nuestra costumbre, yo iba a ir a buscarlo al aeropuerto, pero no pude hacerlo porque la matrona de mi suegro, que se había acercado a casa a primera hora para revisarme, me dijo que el nacimiento de mi bebé era inminente y que me fuera con ella cuanto antes para ingresar en el hospital. En aquellos años el aeropuerto de Barajas era muy pequeño, con muchos menos vuelos que ahora y también con muchos menos empleados. Llamé a mi íntima amiga Chata López-Sáez, que trabajaba de azafata de tierra en Iberia, para contarle lo que me pasaba. Cuando el avión de Julio aterrizó, Chata le esperaba a pie de pista para avisarle de que su segundo hijo estaba a punto de nacer. Julio corrió todo lo que pudo y llegó a la Maternidad justo cuando me estaban llevando al quirófano.

Una vez allí, los médicos se percataron de lo que realmente me había sucedido aquel verano en Málaga: había perdido al mellizo de Julio. El parto fue muy fácil. Al bebé le pusimos Julio José, porque su padre se llama así, pero a mi hijo nunca le ha gustado su nombre compuesto. Después de muchos años, ha conseguido quitarse el José en la Corte de Miami. Legalmente ahora es Julio Iglesias Jr. aunque, sin embargo, en España le siguen llamando Julio José y eso a él le desespera.

Julio fue un niño increíble que jamás me dio problemas. A todo decía «sí, mami», aunque probablemente luego hiciera lo que le daba la gana. Siempre ha sido muy guasón y me río muchísimo con él. Le encanta tomarles el pelo a sus hermanas. Mis hijas se enfadan cuando les digo que sus hermanos han sido más fáciles de llevar que ellas, pero es la verdad. Las niñas se complican mucho más la vida y, en cambio, ellos dramatizan mucho menos. Mantengo una excelente relación con mis cinco hijos. Con ellas me voy de viaje y lo paso genial porque tenemos los mismos gustos, las mismas aficiones y nos apetecen las mismas cosas como ir de compras, ver películas o asistir a *shows*. Con los chicos, y a pesar de nuestra magnífica relación, no sé nunca qué planes hacer y además no me cuentan casi nada de sus temas personales.

Julio y Enrique se llevan dos años. Es curioso cómo, aunque han tenido todo exactamente igual —iban al mismo colegio, tenían los mismos juguetes, los vestíamos con la misma ropa y compartían la misma seño—, son totalmente diferentes. De pequeño, Enrique quería ser como su hermano mayor. Julio era muy hábil en los deportes y le ganaba en todo. Un día, no lo olvidaré nunca, Enrique vino muy emocionado del colegio: «Mami —me dijo—, he ganado el segundo puesto». «¿Quién ha sido el primero?», le pregunté, aunque sospechaba la respuesta. «¿Quién va a ser? ¡Julio!», me contestó. Mis hijos siempre han sido muy deportistas y competitivos. Practicaban todos los deportes: natación, tenis, fútbol, golf y, sobre todo, surf y windsurf. Su padre se empeñó en que aprendieran a nadar muy pronto. A los dos años, los tres ya se movían solos en el agua.

A pesar de esto, cuando Enrique era un recién nacido nos llevamos un susto tremendo en Guadalmar.

Chábeli estaba en la piscina con mi hermana Beatriz y yo iba a meterme en el agua para nadar con Julio, que acababa de terminar su clase de natación, pero antes fui a la habitación de Enrique para coger un chupete porque él estaba en el porche, en su cuna. Enrique comenzó a llorar y mi madre, que estaba dentro de casa, salió a ver qué le pasaba y vio a Chábeli nadando con mi hermana Beatriz. De repente se dio cuenta de que había una sombra en el fondo del agua y comenzó a gritar: «¡Julio se ha caído a la piscina!». Los gritos llegaron hasta la habitación en la que yo estaba y que daba al jardín. Creo que ni pensé, salí corriendo de la casa, me tiré de cabeza al agua y logré rescatar a mi hijo. Se había quedado un momento solo, se fue andando hacia su hermana, pero se resbaló y se hundió en la parte más profunda de la piscina. Lo encontré luchando con sus bracitos para salir a flote, pero sin fuerzas para conseguirlo. Una vez fuera lo puse bocabajo en el césped y comenzó a vomitar el agua que había tragado. Tenía dos años y tres meses y, solo imaginar lo que podía haber pasado, aún siento una angustia tremenda.

Gracias a Dios, Julio reaccionó perfectamente y no hizo falta llamar a urgencias pero durante mucho tiempo no pude dejar de pensar en lo cerca que habíamos estado de perderle y en cómo nuestras vidas pueden cambiar en menos de un minuto. Mi hermana y Chábeli habían nadado por encima de él sin darse cuenta de que estaba hundido debajo de ellas. Si Enrique no se hubiera puesto a llorar y mi madre no hubiera distinguido esa sombra oscura bajo el agua, Julio se habría ahogado. Tardé muchas noches en lograr conciliar el sueño porque, pese a que todo había acabado bien, no podía olvidar lo que había ocurrido. Durante años, soñé de forma recurrente con ese accidente que pudo haberse convertido en la gran tragedia de nuestras vidas.

Julio estudió primero en Saint Anne's School, en Madrid, y después se graduó en la Gulliver Preparatory School de Miami. En San Francisco, cursó lo que en España se llamaba COU y se matriculó dos años en Business Administration en la Universidad de Miami. La verdadera pasión de mi hijo era el surf y por eso se cambió a la Menlo College de Atherton, en California. Allí estaba mucho más cerca de Maui, en Hawái, el paraíso de cualquier surfista. Todos los fines de semana, se olvidaba por unas horas de sus estudios y se dedicaba a practicar su deporte favorito. En un principio deseaba estudiar en la Universidad de Hawái, pero tanto su padre como yo estuvimos de acuerdo en que no era lo más conveniente. Nuestro hijo sabe perfectamente que es un privilegiado y que es muy afortunado por poder disfrutar de tantas cosas, pero tiene un alma bohemia y estoy convencida de que sería igual de feliz con casi nada. Posee esa extraordinaria virtud. Por eso en aquellos días, a su padre y a mí nos preocupaba que no nos hiciera caso y que emprendiera su aventura hawaiana sin nuestro apoyo, pero al final se quedó en California. En dos años se graduó en Ciencias de la Comunicación y en Arte Dramático, aunque más tarde decidió dedicarse al mundo de la música y regresó a Miami porque quería cantar. Para entonces, su hermano Enrique ya comenzaba a ser muy conocido en el mundo de la música.

Julio ha llevado extraordinariamente bien el éxito de su hermano. Hasta los dieciocho años ganó a Enrique en todo, pero cuando Enrique comenzó a destacar musicalmente, Julio, lejos de tener celos, se sintió muy orgulloso de su hermano. Desde pequeño ha tenido un gran corazón. Una Navidad, estando yo casada con Carlos, me preguntó si me importaba que empleara el dinero que había estado ahorrando para comprarme mi regalo en un traje de baño para Jaime, uno de los guardeses de Casa de Vacas. Era con él con quien solía ir a pescar y le tenía mucho cariño. A Jaime le encantó el detalle y, a mí, el huevo vacío y pintado que Julio me regaló para colgar en el árbol.

Le gusta cantar más allá de que el público vaya o no a verlo: «*Mom*, a mí lo que me gusta es cantar. Aunque sea para un grupo reducido, yo seguiré cantando», me dice cuando tocamos el tema.

De niño le extrañó mucho que Julio y yo nos separáramos y me preguntó que por qué íbamos a hacerlo si jamás nos habíamos peleado. Me di cuenta en ese momento de que nunca habíamos discutido delante de los niños. Siempre intentábamos arreglarlo todo en privado para que ellos vivieran totalmente ajenos a nuestros problemas de pareja.

De todos mis hijos, Julio ha sido siempre el más independiente. Cuando se escapa a su casa del lago Tahoe en Nevada, donde aún hay muy mala cobertura, puede pasarse semanas sin dar señales de vida y totalmente desconectado del mundo. Allí se siente libre: esquía en invierno y sale a navegar con su barco en verano. Cuando necesita algo más de vida social, viaja a Las Vegas. Hace poco se ha comprado una casa preciosa en Florida, en Los Cayos, en Key West, en la misma zona en donde Ernest Hemingway vivió y escribió varias de sus magníficas obras literarias.

Como si se tratara de una tradición navideña, Julio siempre ha aprovechado esa época del año para presentarme a sus novias. La primera fue Cristina, una chica que estudiaba con él en Miami y que tenía fama de ser la más guapa del colegio. Luego llegó a su vida Yvette, una joven muy cariñosa, dulce, graciosa y muy guapa, que solía pasar las vacaciones con nosotros y también nos visitaba en Madrid y que, al poco de terminar su relación con mi hijo, se casó con Michael Jordan, la leyenda del baloncesto. Recuerdo que una vez que Yvette pasó por España con su marido, nos llamó para vernos. Después Julio vivió un brevísimo noviazgo con Sandy y, cuando rompieron, ella comenzó una relación con Boris Becker. Por esa época, llegó Charisse a su vida y todo cambió para él. Estuvieron dieciséis años juntos de los cuales los últimos ocho, casados. Tristemente se divorciaron en noviembre de 2021. Ambos lo pasaron muy mal con su separación porque se habían querido muchísimo, pero con el tiempo han logrado ser buenos amigos. Charisse pasa ahora largas temporadas en Bélgica cerca de su madre que está delicada de salud. Bibi, mexicana, ayudó a Julio a superar su separación, pero la cosa no funcionó entre ellos. Las últimas Navidades que hemos pasado juntos nos ha presentado a Ariadna, su nueva novia, de origen cubano y también modelo.

Después de muchas conversaciones con mi hijo tengo claro que a él le gustan las chicas que sepan darle mucho espacio en la relación, porque si no se siente aprisionado y se agobia. No sé si ha tenido suerte en el amor, aunque muy de vez en cuando me comparte sus cosas y trato de aconsejarle, pero no noto que me haga mucho caso. De momento, no se le ha despertado el instinto paternal. Mis amigas siempre que le ven me dicen que está estupendo y que el tiempo no pasa para él. Creo que es una cuestión genética pero también porque hace mucho deporte y cuida su alimentación. Ahora ha dejado la carne de lado y solo come pescado, huevos, algunas verduras, mucho queso y pasta.

La sonrisa de mi hijo Julio tiene el poder de hacerme siempre feliz.

* * *

Enrique fue mi bebé durante muchísimos años. De pequeño, me acompañaba a todas partes. Era cariñosísimo y lo disfruté mucho durante su infancia. Nació el 8 de mayo de 1975, también en la Maternidad de O'Donnell, y su abuelo me asistió en el parto.

Cuando tenía cuatro años nos dimos otro gran susto en la familia, una tarde de verano, en Guadalmar, mientras la seño preparaba el baño para los niños y ellos jugaban cerca. En aquella época el agua de nuestra casa se calentaba con termos eléctricos que había en cada baño y que hacían que el agua saliera prácticamente hirviendo. La seño ese día cometió el error de abrir únicamente el grifo del agua caliente dejando cerrado el del agua fría. Mientras ella colocaba las toallas y preparaba los pijamas, Julio jugando con Enrique le dio un empujón con tan mala suerte que Enrique se cayó dentro de la bañera. Oí un grito espantoso y cuando llegué corriendo al baño vi que Enrique había salido de la bañera que aún humeaba. Tenía toda la piel enrojecida y no paraba de llorar. Lo envolví en una toalla y Mariliz del Azar y su marido, Miguel Segimón, que en esos momentos estaban en casa, nos llevaron al hospital más cercano. Llegamos muy rápido porque Miguel iba pidiendo paso mientras agitaba un pañuelo blanco y tocaba el claxon. Ya allí en urgencias, después de reconocerlo, nos dijeron que sufría quemaduras de segundo grado. En la UCI le vendaron todo el cuerpo excepto la cara, en la que no tenía daños. Yo ya había llamado a Julio para contárselo. A Enrique lo subieron a la habitación en la que habíamos estado esperando Carlos y yo. El doctor me avisó de que las siguientes horas eran cruciales para saber si las quemaduras habían dañado sus riñones pudiendo complicar gravemente su evolución. Ya muy entrada la noche, y estando en la habitación él y yo solos, acostados cada uno en una cama, me pidió que le cantara la canción «La abeja Maya» que era su serie de dibujos favorita. Empecé a cantársela y entonces se unió a mí con su vocecita de niño pequeño completamente ajeno a la gravedad de su estado. Eso me rompió por dentro. Hice todo lo posible para que no viera mis lágrimas, mezcla de angustia, impotencia y ternura, y seguí cantando, pese a que la voz se me entrecortaba. Él consiguió dormirse y yo pasé la noche rezando, algo que entonces hacía con frecuencia. Cuando vino el médico temprano por la mañana se lo llevó para hacerle pruebas y, al volver, me dijo que los riñones de mi hijo estaban funcionando normalmente. Entonces sí lloré, ya no quise contener las lágrimas, esta vez de felicidad porque Enrique estaba a salvo. Aún hoy me sigo emocionando al recordar aquella trágica noche y si a Enrique alguien le pregunta si se acuerda de haberse quemado de pequeño en una bañera, contesta: «Claro que sí, pero de lo que más me acuerdo es del maravilloso y enorme camión rojo que tío Carlos me trajo al hospital al día siguiente».

Chábeli y Julio siempre me decían que Enrique me tenía engañada porque no era tan bueno como me parecía a mí. Yo les regañaba porque era muy feo pensar esas cosas de un hermano pequeño pero la verdad, es que algo de razón tenían: ha sido siempre el más travieso de los tres. Cuando se juntaba con su hermano Julio, a quien adoraba, los dos eran terribles y me volvían loca con sus travesuras. Aunque hoy cueste creerlo y, aunque parezca contrario a su capacidad para hacer travesuras, Enrique era el más tímido de todos. Cuando en casa poníamos música para bailar, él era el único que se quedaba sentado. Recuerdo un día, en familia, en el que Chábeli comenzó a bailar con Miguel, Julio con Tamara y yo saqué a Enrique. En cuanto empezó a moverse me di cuenta de que bailaba divinamente, que tenía mucho ritmo y que nos había estado ocultando ese talento.

De mis tres hijos mayores siempre fue el que sacó las mejores notas sin apenas esforzarse, tanto en Saint Anne's como en el Gulliver Preparatory School, de Miami. Sin embargo, su comportamiento en clase no solía ser bueno. Al igual que su hermano Julio, empezó la carrera de Business Administration en la Universidad de Miami, pero la dejó enseguida para dedicarse a la música. Mantuvo muy en secreto su verdadera pasión. Ni tan si quiera a mí me contó absolutamente nada hasta que no le aceptaron su primera demo. Fue la seño la que le dejó un dinero para grabar la maqueta en un estudio profesional porque confiaba plenamente en él. Enrique siempre le estará eternamente agradecido. Cuando por fin me enteré de todo, como de que había estado componiendo canciones en secreto desde los trece años, no pude evitar preocuparme por su futuro. Le pedí que no dejara los estudios, que terminara su carrera y que después se dedicara de lleno a la canción, pero él tenía muy claro lo que quería. Intentó convencerme diciéndome que a los estudios siempre podría volver. Después sostuvo una tensa conversación con su padre. Julio se disgustó muchísimo cuando Enrique le llamó para contárselo y se puso en contacto inmediatamente conmigo. Tuvimos una larga charla en la que traté de calmarle: «Imagínate cómo te habrías puesto si nos lo llega a decir antes», le dije.

Cada uno reaccionó de una manera diferente, pero quiero creer que a los dos nos movía la misma preocupación por el futuro de nuestro hijo. Y me veo obligada a decir, sintiéndolo mucho, que Julio, en aquel momento y más adelante, no se portó con Enrique como un padre debería haber hecho con su hijo, sobre todo teniendo en cuenta que los dos tenían la misma profesión. La actitud de Julio le dolió profundamente a Enrique y resultó ser, para mí, una fuente de disgustos y tristezas.

En cuanto a los asuntos del corazón, también mis hijos son muy distintos. Enrique ha sido menos enamoradizo que su hermano Julio. Aunque ha tenido alguna que otra novia, su amor verdadero siempre ha sido Anna Kournikova. A Anna K, que es como la llamamos cariñosamente en la familia para distinguirla de mi hija, Ana B, la conoció en el rodaje del videoclip *Escape*. Durante la grabación a nadie le pasó desapercibida la química que surgió entre mi hijo y Anna que, desde 1996, se había convertido en una de las mejores jugadoras de tenis del mundo. Como eran jóvenes, grandes profesionales con mucho éxito, buenas personas, y se gustaron desde el primer instante, el resto fue sencillo. Ahora llevan juntos veintidós años y han formado una familia estupenda de la que están muy orgullosos. Me han dado tres nietos guapísimos a los que adoro: los mellizos Nicolas y Lucy, que tienen siete años, y Mary, de cuatro.

Anna K y Enrique son unos padres maravillosos que dedican todo el tiempo que pueden exclusivamente a sus hijos. Son muy felices cenando con ellos y acostándolos cada noche. Desde que nacieron, y a pesar de tener unas *nannies* estupendas, se han ocupado personalmente de sus hijos bañándolos, poniéndoles los pañales, dándoles sus primeras papillas. Creo que a mi hijo ser padre le ha cambiado la vida.

Con Enrique hablo mucho por teléfono. Me encanta cuando me hace partícipe de sus canciones, aunque sus últimos éxitos son más del estilo de sus hermanas y sus primeras canciones, como *Hero*, *Cuando me enamoro* y *Bailando*, más del mío.

Mis hijos se llevan maravillosamente bien por mucho que la prensa cuestione si Enrique viene o no a las bodas de la familia. Sabemos que a él los acontecimientos sociales no le gustan nada y que, en ese aspecto, no hay nada que hacer. Desde luego ninguno de sus hermanos le va a querer más o menos porque asista o no a su boda. Además, cuando se trata de cuestiones familiares importantes, Enrique siempre está ahí. Cuando murió mi madre, a la que adoraba, se vino inmediatamente a Madrid para acompañarme. Si necesito a Enrique, sé perfectamente que él es lo suficientemente serio, responsable y buen hijo, como para estar a mi lado. Sé también que puedo contar siempre con su apoyo. Todos los días pienso lo orgullosa que estoy de él y la suerte que es tenerlo. Jamás ha protagonizado un escándalo y se ha volcado continuamente en su familia. Como madre me ha preocupado mucho que cayera en el lado oscuro como algunos artistas que, siendo jóvenes, han triunfado mundialmente en la música. Afortunadamente no ha sido así y tengo la teoría de que en el caso de Enrique la diferencia está en que su vida ha cambiado poco. Desde pequeño vivió, como sus hermanos, en un mundo privilegiado fruto de la fama mundial de su padre y aprendió a vivir con lo bueno y lo malo que esa fama conlleva.

Nunca olvidaré su primer concierto en España, en la plaza de toros de La Misericordia, en Zaragoza, en 1997. Invitamos a unas treinta amigas, entre las mías y las de mis hijas, y alquilamos un autobús que salió de nuestra casa de Puerta de Hierro. Me sentí muy emocionada desde que lo vi antes del *show* y durante todo el concierto. Su talento y aplomo me dejaron sin palabras. Después he ido muchas veces a verlo actuar y he notado una evolución increíble en mi hijo porque sus espectáculos de ahora nada tienen que ver con los del principio. Es muy perfeccionista y exigente consigo mismo y eso hace que cada día sea mejor artista. Ahora, siempre que viajo, aunque sea al país más lejano, para la gente soy la madre de Enrique Iglesias. Y eso me encanta. A pesar de que se ha convertido en una figura muy importante de la música a nivel mundial, para todos los que le conocemos sigue siendo aquel niño cariñoso de siempre. Y ahora, en su faceta de padre, lo es aún más. Me enternece profundamente verle en su casa, cogido siempre de la mano de alguno de sus hijos.

* * *

Mis hijos vivieron una infancia maravillosa. Disfrutaban de todo lo que cualquier niño de su edad podía desear, incluso más. Sin embargo, les faltaba lo más importante: no tenían a sus padres con ellos todo lo que hubieran querido.

Tanto Julio como yo pusimos todo nuestro empeño en enseñarles a valorar su suerte y a que reconocieran que eran unos privilegiados. Pienso que es importantísimo saber apreciar todo lo que la vida te regala. Cuando me dicen que mis hijos son encantadores y están muy bien educados me siento profundamente orgullosa. Eso es mérito de Julio, mío y de la seño que les cuidó durante tantos años.

Cada vez que pienso en Chábeli, Julio y Enrique me doy cuenta de que tanto su padre, por su extraordinario éxito en su profesión, como yo, por la distancia a la que me vi obligada a vivir de ellos por mi miedo y por su seguridad, nos perdimos muchos momentos de su niñez y adolescencia.

Quizá por eso, cuando pienso en lo que más echo de menos, lo que recuerdo con verdadera nostalgia, es nuestra gran fiesta de los miércoles cuando ellos todavía vivían conmigo en Madrid. Era el día de descanso de la seño y me tocaba cuidarlos. Esa noche colocábamos en el suelo de mi cuarto sus colchones y jugábamos y reíamos hasta caer rendidos, agotados y felices.

10
Harta de mi nariz

Tuve desde pequeña un problema en el tabique de la nariz que no me dejaba respirar bien. Me operaron de amígdalas en Manila en los años setenta y durante esa intervención el cirujano decidió hacerme una limpieza del cartílago porque mi madre le había dicho que me costaba respirar. Fue un error: no noté mucho alivio y con los años me pasó factura. El otorrino que me atendió se suponía era el mejor de Filipinas en aquella época, muy conocido socialmente porque, al ser amigo y médico personal de Imelda Marcos, asistía a todas las fiestas que se organizaban en el palacio de Malacañan. Quizá precisamente por eso debí haber rechazado que me atendiera.

Ya en Madrid y casada con Julio, empezó a salirme un bulto donde comienza el caballete y decidí ir a ver al doctor Benito Vilar Sancho que había operado a mi amiga Carmen Martínez-Bordiú y que, a pesar de ser el mejor de la época, conmigo metió la pata.

Me dijo que en la anterior intervención me habían quitado demasiado cartílago y que lo podía limar pero que, cuando tuviese cuarenta años —entonces tenía veintisiete— estaba seguro de que la punta de la nariz se me iba a ir bajando y tendrían que reconstruírmela entera. A mí, en aquel momento, solo me preocupaba el bulto en el caballete, así que decidí que me solucionasen el problema como fuera y que, cuando llegase el momento, ya veríamos qué se podía hacer. No me operé inmediatamente. Esperé un par de años.

La intervención duró cuatro horas en la clínica Virgen de la Paloma, en Madrid, a principios de los años ochenta. Me acompañaron Carlos, mi marido, y mi amiga María Jesús Bellmore. Benito Vilar Sancho era fundador de la Sociedad de Cirugía Plástica, Reparadora y Estética y el cirujano que más rinoplastias había hecho en España.

Cuando me desperté, y ante mi gran asombro, me di cuenta de que tenía la cabeza entera vendada. Vilar Sancho vino a verme a la habitación y me dijo: «Te he dejado una naricita perfecta». Y le pregunté: «¿Cómo que una nariz perfecta? ¿No es mi nariz?».

«No, porque hemos tenido un pequeño accidente. Pero tú descansa y ya te lo contaré cuando estés más espabilada y te despiertes del todo de la anestesia».

Cuando me recuperé, me explicó que durante la operación se me desmoronó la nariz y tuvo que reconstruirla intentando acordarse de cómo era. Ni Vilar Sancho ni su equipo habían previsto tener fotos mías en el quirófano porque, en principio, solo me iban a limar el hueso.

«Doctor, ¿cómo es posible que no pensárais que a lo mejor surgía alguna complicación?».

Me respondió, palabras textuales: «Esto es como el capó de un coche: no sabes lo que te vas a encontrar hasta que lo abres».

Me explicó que probablemente en algún momento, incluso durante mi niñez, me podía haber dado un golpe que me fracturó la nariz y la dejó solo sujeta por la piel. «Un accidente por lo visto muy habitual», me dijo y me lo creí porque yo había sido una niña muy activa, traviesa y a veces algo bruta jugando.

Al dejarme casi sin cartílago el otorrino de Filipinas, Vilar Sancho me dijo que no tenía dónde sujetarme la nariz y no pudo reconstruírmela bien.

Años después, me encontré al doctor Adolfo Montoya en Londres, en el aeropuerto de Heathrow y me comentó que, cuando me operaron, él era entonces médico residente y había estado presente en el quirófano. Algo que yo no había sabido hasta entonces. Me explicó que hubo un momento de pánico cuando se me desmoronó la nariz entera y todos quisieron salir corriendo de allí porque no sabían qué hacer. Intentaron recordarme y me sacaron todo el cartílago que pudieron de mis orejas para reconstruírmela. De ahí que tuviese toda la cabeza vendada y un dolor que no esperaba.

Cuando me quitaron los vendajes, hice un esfuerzo por disimular y no echarme a llorar. Me habían dejado una cara que no era la mía.

Solía interrumpir a mis amigos cuando me preguntaban por la operación, diciéndoles que estaba encantada con los resultados y cambiaba de tema inmediatamente, para evitar que se me notase el disgusto. Vilar Sancho se ofreció a solucionarme el problema y todavía no me explico cómo pude aceptarlo y estar, además, convencida de que iba a recuperar mi nariz original. Me operó. Me volvió a quitar más cartílago. No me devolvió mi nariz.

Decidí solucionarlo por mi cuenta y averigüé cuáles eran los mejores cirujanos de Estados Unidos.

Fui a ver al doctor Rees a Nueva York y me dijo que no me podía hacer nada porque no aceptaba pacientes con la nariz ya operada, pero me envió al doctor Tabbal que sí lo hacía.

El doctor Tabbal me operó y me dejó una nariz correcta pero frágil, de cristal.

* * *

Mi nariz me ha traído muchos quebraderos de cabeza a lo largo de mi vida. Por ejemplo, un día me metí en la cama con Tamara y Ana, que era pequeña; jugando con ellas, Ana me dio un cabezazo sin querer y se me volvió a romper la nariz. El doctor Javier de Benito y su mujer, amigos míos, me recibieron en la clínica Teknon de Barcelona, me hicieron un arreglo provisional y me recomendaron que fuese a Dallas a ver al doctor Jack Gunter que, según Javier, era el mejor cirujano rinoplástico del momento y reconocido mundialmente por ser experto en solucionar casos imposibles como el mío.

Gunter se guio por las fotos que le enseñé y tuvo que utilizar hueso de una costilla para reconstruirme la nariz ya que no me quedaba cartílago.

Chábeli me acompañó durante todo el proceso y volví a Madrid el mismo día que me quitaron la escayola. Una vez en casa, nos dimos cuenta de que me habían dejado una nariz perfecta, pero con la que me resultaba imposible gesticular y sonreír.

Me puse en contacto con Gunter, que me indicó que no podía hacer nada y que tenía que esperar un año para que me pudiese volver a operar. Cogí un avión, me planté en Dallas y le dije que era imposible, que no podía esperar un año porque tenía contratos para las campañas navideñas de Porcelanosa y Ferrero Rocher y estaba obligada a cumplirlos y a sonreír en los anuncios y también que, sintiéndolo muchísimo, tenía que hacer una excepción.

Me operó a regañadientes y me puso unos cuantos tornillos para sujetármela.

No me enteré de lo de los tornillos hasta que, muchísimos años después de aquella intervención, estaba un día dando mi clase de yoga y noté de repente un bulto en la nariz.

Pensé en volver de nuevo a Dallas, pero decidí consultarlo antes con Javier de Benito quien, conmigo ya en su consulta, mantuvo una videoconferencia con Gunter y este le explicó que me había puesto tornillos y le aconsejó que me metiese en el quirófano y me los retirase.

Javier lo hizo y me quitó el tornillo causante del bulto.

Todo fue bien hasta que, en 2023, casualidades de la vida, un día jugando con mi nieto Mateo, el hijo de Ana que tenía entonces dos años, me dio otro cabezazo sin querer como el que en su día me había dado su madre. Tras el golpe se me hinchó muchísimo la nariz y consulté con un amigo mío maxilofacial, el doctor Carlos Martínez, que fue muy sincero al decirme que nadie se iba a atrever a tocarme la nariz, excepto una eminencia y jefe suyo, el profesor Carlos Navarro Vila.

Al salir de la consulta llamé al doctor Gunter a Dallas porque en su día me dijo que si me pasaba cualquier cosa en la nariz no dejara que nadie me la tocara, pero la enfermera de la clínica me comunicó que, desgraciadamente, el doctor había fallecido.

Tuve mucha suerte porque tres médicos en Madrid —Carlos Navarro con la ayuda de Carlos Martínez y Sandra Bacian— aceptaron el reto y decidieron operarme de nuevo, esta vez en el Ruber de la calle Juan Bravo en Madrid.

En la radiografía previa a la intervención vieron que tenía dos tornillos en la nariz y un tercero que se me cayó al sonarme en casa días antes de pasar por el quirófano. Me asusté al ver el tamaño del tornillo y fui a ver al doctor Navarro, que me tranquilizó. Durante la operación encontraron fácilmente el primer tornillo, pero les costó mucho quitarme el segundo, aunque no desistieron hasta lograrlo.

El verano pasado, en plena pelea de almohadas con mis nietos, me volví a dar un golpe en la nariz. El doctor Navarro me estuvo tratando con antibióticos durante varias semanas hasta que desapareció la inflamación.

Tengo la nariz tan destrozada y estoy tan cansada de médicos y operaciones que ya me da igual todo. Lo que no quiero perderme es achuchar y jugar con mis nietos pequeños, aunque luego, a veces y sin querer, tenga que sufrir las consecuencias.

Sufrí otro accidente doméstico un día antes de ir a un desfile de Giorgio Armani en Milán. Ya estaba arreglada y lista para salir de casa hacia el aeropuerto cuando me entretuve dando las últimas instrucciones a Verónica, mi doncella entonces. Cogí de un estante alto de una cocina pequeña que tengo junto a mi cuarto de estar una botella de aloe vera de vidrio verde que debía de pesar unos dos kilos. Se me cayó encima y menos mal que no fue sobre la nariz, sino que me golpeó en la frente. Me hice una brecha profunda.

Mi marido Miguel y Verónica insistieron en llevarme al hospital porque no dejaba de sangrar, pero recordé que varios doctores amigos míos decían que no era recomendable que la gente que sufre heridas en la cara se deje coser en urgencias si no es por un cirujano plástico, especialista que normalmente no está de guardia.

De manera que llamé a Javier de Benito, le conté lo que me pasaba y él me envió al doctor Juan Peñas, al que yo entonces no conocía. Javier me lo organizó todo. Juan Peñas me recibió enseguida y me lo solucionó. Ahora somos muy amigos y le tengo mucho cariño a él y a su mujer Tata. Cuando hemos coincidido, me ha recordado que si hubiese ido a urgencias, ahora tendría una marca hundida en la frente porque ese tipo de brechas te las tienen que coser primero por dentro y luego hacerte un «bordadito» por fuera y eso solo lo puede hacer un cirujano plástico.

El doctor Peñas me cosió tan bien que no se me nota nada.

* * *

Dejando ahora de lado el tema de mi accidentada nariz y hablando de otras cosas, a menudo me preguntan sobre el mantenimiento de mi piel y he de confesar que siempre me la he cuidado mucho.

Mi primer *lifting* me lo hizo en California el doctor Steven Hoefflin a los cincuenta años y luego, en Madrid, en 2013, el doctor Juan Peñas me volvió a tensar la musculatura de la cara.

Empecé a hacerme los tratamientos de cara con el doctor Chams y el doctor Sebagh, entonces considerado el rey del bótox, en París y en Londres. Ahora confío en la doctora chilena, Sandra Bacian, del equipo del profesor Navarro Vila, que solo usa los mejores productos del mercado, algo que para mí es importantísimo.

Lo que sí he hecho durante toda mi vida, y sigo haciendo, es limpiarme muy bien la cara y el escote todas las noches. Por la mañana solo me paso el tónico. Estas dos rutinas las llevo a rajatabla. Jamás me he metido en la cama sin desmaquillarme y tardo el mismo tiempo en hacerlo que en maquillarme. Empiezo siempre por los ojos con la emulsión limpiadora con jalea real de Massumeh, con la que también me quito el maquillaje de la cara y, para retirarlo todo, utilizo un algodón empapado en la loción tónica hidratante Vinoclean de Caudalie. Si necesito enjuagarme con agua, no utilizo nunca el agua del grifo: me irrita y me seca la piel porque tiene mucha cal. Uso el spray Eau Thermale de la Roche Posay para pieles sensibles.

Una vez tengo la cara limpia, empiezo a ponerme mi serum de Sisley o de Luxmetique para unificar el tono de la piel y quitar manchas. He usado muchas marcas a lo largo de toda mi vida. Por la noche utilizo primero el de Luxmetique y encima alterno las cremas de noche de Massumeh y de Sisley. La misma rutina la repito en los ojos. Y para el cuello utilizo la crema de Massumeh especial para el cuello.

Cuando me despierto —no suelo madrugar porque me acuesto muy tarde—, desayuno. Soy más de ducha que de baño y siempre utilizo productos de Jo Malone.

Desde hace mucho tiempo, Lorena me hace la manicura en casa todos los sábados y la pedicura cada quince días. Como soy muy maniática, utiliza todas mis cosas: desde las tijeras hasta las limas. Con los años me he ido dejando las uñas cada vez más cortas y he acabado con ellas al ras y solo con brillo porque las prefiero así. En Manila siempre venía Dionisia a casa a hacerle a mi madre las manos y los pies, unos pies y unas manos tan perfectos como nunca los he visto en nadie. Mis hermanas y yo nos aprovechábamos a veces de las visitas de Dionisia para que nos hiciese la manicura. De ahí la costumbre.

Aunque sé maquillarme, no me dura igual ni me queda tan bien que cuando lo hace un profesional. Confío en Lola Viraz, que me maquilla desde hace más de treinta y cinco años y que lo ha hecho para casi todas mis campañas publicitarias y reportajes.

También confío en Isabel Gariglio y a veces cuento con Ramón Ríos y Ruth García. Mezclo muchas marcas de maquillaje. Las bases que suelo usar son la de Tom Ford Traceless Foundation o la de Yves Saint-Laurent All Hours. Para los ojos siempre utilizo el lápiz negro que me regaló hace años Juan Pedro Hernández, lo guardo como oro en paño, y las sombras de Bobbi Brown. Para las pestañas utilizo el rímel antialérgico de La Roche-Posay y las cejas, que son mías naturales, me las retoco con el lápiz de Nars. Para las ojeras uso también el corrector de Nars. En las barras de labios alterno Nu De Soleil o Gamine de Surratt y me encanta el perfilador de Givenchy.

Para tratamientos de cara y de cuerpo acudo al instituto de Maribel Yébenes y al centro de Massumeh. Peque me hace siempre las mechas y el color. Y de los tratamientos para mi pelo se ocupa la doctora Anaya en la clínica Giovanni Bojanini.

Desde hace mucho tiempo todos estos cuidados suponían para mí una inversión, puesto que mi trabajo consistía, en parte, en ser imagen de una serie de marcas. Ahora que estoy casi retirada, me ayuda a sentirme bien mientras van pasando los años.

Tres días a la semana viene Blas Latorre, mi entrenador, para obligarme a hacer gimnasia. Antes hacía deporte para tratar de conseguir un cuerpo estupendo, pero ahora cada vez eso me importa menos. Alternamos un poco de cardio, estiramientos y algo de pilates. No hago ejercicios estresantes ni que requieran mucho esfuerzo. Empecé a hacer yoga y meditación con mi profesora Chus Romero para fortalecer los músculos y ganar flexibilidad después de mi operación de cervicales ya que me prohibieron jugar al pádel o practicar cualquier otro deporte en el que pudiera correr el riesgo de hacer movimientos bruscos, y me vino muy bien.

* * *

Lo de que no como nada, y que por eso estoy delgada, es otra leyenda sobre mí que nada tiene que ver con la realidad. La verdad es que lo mío carece de mérito porque es herencia de mi madre que comió mucho durante toda su vida y nunca engordó.

En casa, en las comidas, tomamos un primer plato, un segundo y no puede faltar el postre (tiramisú, tarta de manzana, zanahoria o chocolate, brownie…), porque somos muy golosos. Además, siempre hay helado casero, que hacemos lo más sano posible, y bizcocho.

El almuerzo de los sábados suele consistir en paella de marisco, aunque a veces hacemos la de sobrasada con huevos fritos por encima y a mí me preparan una especial de verduras y los domingos continuamos con nuestro particular homenaje gastronómico. Hace años solía compensar los excesos del fin de semana dedicando el lunes a comer solo fruta. Empecé con piña, pero me provocaba migrañas. Entonces probé a mezclar varias frutas y a terminar el día con una crema de verduras a la que no se le añadía nata ni ninguna otra cosa hasta que en la Buchinguer me recomendaron que dedicara un día a la semana a tomar arroz integral con verduras, porque hacía el mismo efecto depurativo.

Nunca he ido a las clínicas para adelgazar, sino para comer sano y mantenerme. Empecé en 1978 yendo a Incosol y después, ya casada con Carlos, fui a La Prairie en Suiza, en Clarens, porque él quería adelgazar y yo hacer detox. También he ido al Sha de Alicante para detox y recibir algunos tratamientos. Los dueños son muy amigos míos y, además de disfrutar de su hospitalidad, me encanta visitar su clínica de vez en cuando.

Desde hace tiempo paso dos semanas al año en la clínica Buchinguer en Marbella. Allí solo te sirven para comer verduras y frutas ecológicas que cultivan ellos mismos en su huerta. No hay nada que tenga fertilizantes ni aditivos, y tal vez, algún día a la semana y si tienes suerte, te permiten algo de pescado. Cuentan con buenísimos profesionales que te hacen disfrutar de todo tipo de masajes, la mayoría manuales. Estar allí me encanta porque me da mucha paz y tranquilidad y toda la gente que trabaja en la clínica es muy profesional, simpática y cariñosa.

Llevo toda mi vida confiando en las vitaminas y tomo muchos suplementos alimenticios. En la cocinita de al lado de mi cuarto de estar y mi despacho, guardo todas las cajas y me preparo cada dos días unos cuencos pequeñitos en los que distribuyo todas las pastillas que me tengo que tomar.

* * *

Soy muy metódica para todas mis cosas. Cuando viajo preparo una lista con todo lo que me voy a poner cada día incluyendo zapatos y accesorios. Yo lo planifico y en casa me colocan cada conjunto en bolsas de plástico con perchas —parecidas a las de la tintorería—, y dobladas en dos o en tres para que quepan perfectamente en la maleta. Cuando llego al hotel, solo tengo que sacar las perchas y colgarlas en los armarios. Es muy cómodo porque además de no arrugarse no tengo que pensar en lo que me voy a poner cada día.

Para la ropa interior utilizo unas bolsas de viaje especiales tamaño sobre grande.

Siempre llevo unas chanclas de goma porque jamás piso sin ellas una ducha que no sea la mía.

Mi almohada tiene un lugar muy importante en mi maleta por mi problema de cervicales. Sin ella no puedo dormir.

Nunca se me olvida en Madrid mi frasco de ®Lysol para desinfectar la tapa del retrete, los lavabos, grifos y el mando de la televisión que es donde más gérmenes se acumulan. Me he pasado toda la vida desinfectando las habitaciones de los hoteles en las que he estado y, por eso, cuando llegó la pandemia, no me costó nada seguir las indicaciones que nos aconsejaron. Esa manía mía con la higiene no es nada comparado con el trastorno obsesivo con los gérmenes que sufrían las hermanas de mi madre y que se podría casi haber diagnosticado como una enfermedad. Lo mío, como la delgadez, viene de familia.

Suelo aprovechar los viajes para ir de tiendas, algo que en Madrid me resulta imposible porque quiero evitar que los fotógrafos, que a veces me siguen, llamen demasiado la atención y puedan llegar a molestar a los demás clientes. Tengo la gran suerte de que las marcas que suelo utilizar me mandan sus cosas a casa para que me las pueda probar tranquilamente, lo que me facilita muchísimo mis compras.

* * *

Durante muchos años he formado parte de las listas de las mujeres más elegantes de este país, algo que siempre me ha sorprendido porque ni me considero elegante ni tengo la costumbre de seguir la moda. He aceptado algunas tendencias no porque lo fueran sino porque me sentía favorecida ya que nunca me pondría nada que me hiciera sentir incómoda o que pensara que no me sienta bien.

A los accesorios les doy muchísima importancia y los considero absolutamente fundamentales para completar un *look*. Desde las gafas, guantes, pañuelos y, por supuesto, los bolsos y los zapatos.

Nunca había tenido la ayuda de un estilista, pero hace ya unos años que Cristina Reyes empezó a aconsejarme qué ponerme en ocasiones especiales, lo que me ha hecho sentirme más favorecida y segura. También me ahorra mucho tiempo.

Creo que la edad marca la manera de vestirse, y aunque el físico lo permita, hay determinadas cosas que deberíamos evitar ponernos. ¡A mis años, la verdad, lo que me gustaría es taparlo casi todo!

11
Ópera, cacerías y vino

Carlos Falcó, grande de España, marqués de Castel-Moncayo y marqués de Griñón era un aristócrata atípico: liberal, muy culto, extremadamente bien educado y, sobre todo, buenísima persona. Me fui enamorando poco a poco. Resultaba muy fácil convivir con él por su felicidad contagiosa ante la vida. Tras un año de relación, Carlos me animó a que solicitase la nulidad matrimonial a Julio, porque deseaba que nos casáramos. Si ya me resultaba difícil pedirle la separación legal —el divorcio no se aprobó en España hasta el 22 de junio de 1981—, no quería ni imaginarme cómo reaccionaría si le planteaba la nulidad. Aunque llevábamos un tiempo separados de mutuo acuerdo, Julio había decidido que no necesitábamos legalizar nuestra situación. Sin embargo, me armé de valor y le pedí la nulidad. Ante mi sorpresa, me respondió que sí.

Fuimos juntos a Brooklyn, cuando me citó el tribunal de La Rota en Nueva York. Los trámites allí eran mucho más fáciles y rápidos que en Roma. Carlos insistió en acompañarme a aquel viaje y accedí. No recuerdo muy bien cómo fue mi reencuentro con Julio —yo estaba muy nerviosa por tener que testificar ante un tribunal—, pero sí que él estuvo cariñoso conmigo.

Mi madre, que era más papista que el Papa, no aceptó esa nulidad, porque había sido concedida en Estados Unidos, en lugar de en Roma. Este hecho, unido a mi separación de Julio, al que adoraba, me alejaron de ella casi dos años. Durante ese tiempo, apenas nos hablamos y las pocas veces que lo hicimos, fue tan fría conmigo que temí que mis padres no vendrían a mi boda con Carlos.

Afortunadamente, tío César de Zulueta y mi padrino, tío Teddy Sainz de Vicuña, siempre tan cercanos y buenos amigos, hablaron con ellos y les aconsejaron que lo hicieran, porque su ausencia podría causarme un dolor que no olvidaría jamás. Mis tíos conocían a Carlos y les aseguraron a mis padres que era un gran señor y un ser humano excelente que me quería mucho. Estaban seguros de que me iba a hacer muy feliz. Gracias a su intervención, mi madre me llamó para decirme que viajarían para acompañarme el día de mi boda. Me puse muy contenta.

La ceremonia se celebró el 23 de marzo de 1980 en la capilla de Casa de Vacas en Malpica, la finca de Carlos en Toledo. Yo llegué al altar con un vestido corto de encaje, en color salmón muy pálido, de manga larga, diseñado por Jorge Gonsalves. Carlos y yo decidimos casarnos en una ceremonia muy íntima, oficiada por don Manuel, el párroco del pueblo, y rodeados por personas muy importantes para nosotros: nuestros hijos, su madre Hilda Fernández de Córdoba, duquesa de Montellano, mis padres, su tía Paloma, Gonzalo Arión y su mujer Teñu Hohenlohe, mi padrino y los Gil de Biedma, entre otros. Al finalizar la misa, Los del Río cantaron la *Salve Rociera,* un regalo inolvidable de Fernando Falcó, marqués de Cubas, el hermano de Carlos. En la misma finca, después de la ceremonia, tuvo lugar una comida organizada por mi suegra, Teñu Hohenlohe y Rocío Montellano, en la que se sirvieron corderos de la finca y tartas de Embassy.

Después de la boda, nos quedamos unos días con los niños en Malpica. Una vez solos, pusimos en práctica nuestro plan para esquivar a los fotógrafos que hacían guardia en la entrada principal de la finca y así podernos ir discretamente de luna de miel. Salimos en coche hacia Portugal atravesando Casa de Vacas y la finca Coronillas —en la actualidad, propiedad de Xandra, la hija de Carlos—. Desde Lisboa cogimos un avión a Londres y de ahí partimos a Tórtola, en las islas Vírgenes Británicas, donde pasamos unos días maravillosos en un *bungalow* a pie de playa.

Cuando regresamos, nos instalamos en la casa que yo había comprado en la calle Arga número 1, en El Viso. Julio y yo habíamos estado mirando algunas y encontramos una ideal en la calle Triana. Mi buen amigo Pascua Ortega nos hizo el proyecto para arreglarla. Sin embargo, como nos separamos, no llegamos ni a empezar las obras. Acabó vendiéndosela Julio a Antonio Gala. Por mi parte, con lo que recibí del piso de San Francisco de Sales y de la casa de Guadalmar compré la de la calle Arga. Noel Marichalar, hija de una amiga de mi suegra, se encargó de remodelarla y decorarla. Este fue mi hogar durante los doce maravillosos años que viví allí junto a mis hijos. Las tranquilas calles de El Viso nos permitían pasear y montar en bicicleta todos los sábados y domingos que no íbamos al campo.

De aquella época, guardo muy buenos recuerdos. Me gustaba ir al campo y desconectar. No sé por qué hay gente que se empeña en decir que iba por obligación. Casa de Vacas era nuestro refugio ideal. Íbamos casi todos los fines de semana con los niños y también solíamos invitar a amigos. La casa, construida en el siglo XIX a base de piedra de sillería, era muy acogedora. Allí nos sentíamos muy libres y dábamos largos paseos, jugábamos al pádel, organizábamos comidas y cenas con vecinos de otras fincas, montábamos a caballo... Recuerdo que un día, Manolo Lapique, muy amigo nuestro y encantador, me regaló un caballo. Me comentó que estaba entrado en años y era muy bueno y tranquilo. Se llamaba Trompeta y lo monté una única vez. En esa ocasión, comenzamos a trotar por la finca, pero terminó yendo al galope sin obedecer ninguna de mis órdenes. Tuve que esquivar alambradas y ramas porque, de no haberlo hecho, me habría tirado. Galopó tanto tiempo que cuando paró y logré bajarme de un salto ya estaba anocheciendo, y estaba lejísimos de la casa. Menos mal que Carlos y el guardés de Malpica vinieron a buscarme en un Land Rover. Ahora, cuando lo recuerdo, me hace gracia, pero en aquel momento me asusté y pasé miedo.

Carlos había estudiado la carrera de ingeniero agrónomo en la Universidad de Lovaina en Bélgica y Economía Agraria en la Universidad de California. Cuando lo conocí, acababa de iniciar su aventura vitivinícola. Sin duda, fue un hombre adelantado a su tiempo. En los años setenta introdujo el riego por goteo en Dominio de Valdepusa, en Malpica de Tajo, Toledo, que ha terminado por convertise en una denominación de origen. Lo descubrió en Israel, cuando en muchas zonas de España aún estaba prohibido regar la vid. En la actualidad, se ha convertido en una práctica común en la viticultura de calidad de nuestro país. También comenzó a recolectar en su finca La Barquilla (Talayuela, Cáceres) las primeras Granny Smith, esa variedad inglesa de manzanas de textura crujiente. Carlos fue un verdadero pionero y realizó el primer gran vino de Toledo. Contrató al eminente enólogo Emile Peynaud y, posteriormente, a Michel Rolland. En pocos años consiguió plantar, vendimiar, vinificar y embotellar un vino excelente. De los colaboradores de Carlos conocí a Alexis Lichine, bodeguero y escritor, que estuvo casado con la actriz americana Arlene Dahl. Lo traté bastante: pasé un fin de semana en su casa de Burdeos, a la que Carlos iba a menudo, y él estuvo en varias ocasiones en Casa de Vacas y en nuestra casa de Arga.

Además del campo a Carlos le gustaba viajar y era un gran *gourmet*, dos facetas que ha heredado nuestra hija Tamara. Desde pequeño tuvo trato con gran parte de la aristocracia internacional y viajaba a menudo con sus padres por Europa. Por eso, de casados asistimos a muchos bailes en Francia e Inglaterra. Recuerdo especialmente uno presidido por Alexandra de Kent al que acudí con el vestido rojo con el que me retrató Luís Pinto Coelho. Este cuadro aún lo tengo encima de la chimenea de la biblioteca de casa. En Francia disfrutamos de fiestas maravillosas en el *château* de Courance, propiedad de la familia de Ganay, o en el de Sainte-Mesme, de Robert Balkany y María Gabriela de Saboya. También cenamos en el *château* Margaux y en el *château* Rothschild, en la región del Médoc, y en los castillos del Valle del Loira. Nosotros organizábamos fiestas en Casa de Vacas, a las que venían amigos extranjeros; y cacerías, a las que también invitábamos al rey don Juan Carlos, a quien Carlos trataba desde que eran niños.

Cada año, en agosto, no fallábamos a la inauguración de la temporada de ópera en Salzburgo, que entonces dirigía Herbert von Karajan. Carlos y yo solíamos asistir con Hilda, mi suegra, y su cuñada, Paloma. Nos quedábamos en el hotel Goldener Hirsch, el más histórico de la ciudad, cerca de la casa en la que nació Mozart, y donde siempre le reservaban la misma *suite* a Hilda. Allí nos reuníamos con muchos amigos europeos aficionados a la música. Yo nunca había ido a la ópera, pero Carlos y su madre eran grandes melómanos y consiguieron que me aficionara. Me transmitieron las maravillas de ese género musical del que aún sigo disfrutando en Madrid, Nueva York, Viena y Salzburgo. Gracias a Hilda y a Carlos descubrí muchos lugares que no conocía y me adentré en un mundo internacional que me enriqueció y donde aún hoy conservo amigos.

* * *

Dos años después de mi feliz matrimonio con Carlos nació nuestra hija Tamara, en la clínica San Francisco de Asís, en Madrid, el 20 de noviembre de 1981. Recuerdo oír desde la habitación los cláxones de los coches en las calles, porque su nacimiento coincidió con el sexto aniversario de la muerte de Franco. Fue un parto natural largo y difícil. El doctor Eduardo García del Real me tuvo que anestesiar. Tardé mucho tiempo en despertarme. Recuerdo que mi suegra estaba muy preocupada. Oía, a lo lejos y entre sueños, cómo comentaba que no era normal que durmiese tanto. Pedía que me trajesen sopa y me intentaba despertar llamándome: «Isabel, Isabel». Yo lo único que quería era seguir durmiendo.

Cuando me espabilé y vi a Tamara, mi preciosa niña, tuve la misma indescriptible sensación que había tenido con cada uno de mis otros hijos y que nunca olvidaré.

El nombre de Tamara, que entonces no era nada común, lo oímos por primera vez durante una cena en la que estaba nuestro amigo, el príncipe Adam Czartoryski, jefe de la Casa Real polaco-lituana. Nos contó que su hija se llamaba así y que su santo se celebra el 1 de mayo. Nos encantó y esa misma noche decidimos que, si teníamos una hija, la llamaríamos Tamara.

Su bautizo se celebró en una ceremonia íntima en Casa de Vacas. Acudió toda la familia y como era habitual en todas nuestras celebraciones, mi cuñado, Fernando Falcó, nos trajo a Los del Río, quienes habían compuesto una canción para Tamara. La primera estrofa decía:

> «Tamara, incienso y aroma.
> Tamara, flor del romero.
> Tamara, donde no hay calor
> con solo nombrarte hay fuego».

Desde pequeña, Tamara fue una niña muy sonriente que se convirtió inmediatamente en la alegría de la casa. Estudió en St. Anne's School, luego en el Colegio Británico y terminó el Bachillerato en Stoneleigh-Burnham School, en Massachusetts. Posteriormente, hizo unos cursos de Comunicación en el Lake Forest College de Chicago, en un entorno natural maravilloso. Miguel siempre decía que Tamara era muy inteligente y que era una pena que no estudiara una carrera universitaria porque tenía capacidad para hacerla, pero a ella siempre le ha apasionado la moda. Desde muy pequeña se metía en mi armario y se ponía mi ropa y mis zapatos. Con ocho años, cuando me acompañaba a Dafnis, mientras me probaban la ropa, entraba en el taller de María Rosa Salvador, donde habría una docena de personas cosiendo, y se ponía a coser con ellas.

Al acabar sus estudios en Estados Unidos, se mudó a Milán para estudiar moda en el Instituto Marangoni porque quería diseñar. Cuando terminó, se asoció con Juan Carlos Fernández y Antonio Burillo y creó The 2nd Skin Co. Algo después, Tamara dejó la marca, pero sus socios continuaron con ella. Actualmente, mi hija tiene su línea TFP, de la que está muy orgullosa, con Nacho Aguayo para Pedro del Hierro.

Aunque Tamara nunca ha dejado de hacer cosas diferentes, ganar MasterChef en 2019 marcó un antes y un después en su carrera. Yo estaba muy feliz y orgullosa de ella porque vi cómo luchó por ese premio y cómo puso toda su alma en el concurso. Cada noche, cuando volvía a casa después de las grabaciones, se ponía a trabajar con cocineros a los que invitaba, y con otros a los que contrataba, para aprender más. Se mereció ganar por lo bien que lo hizo y por todo lo que se esforzó. Me encantó que al acabar el concurso decidiese perfeccionar más sus conocimientos culinarios y se sacara el diploma como chef en Le Cordon Bleu.

Tal vez muchas personas tenían una imagen equivocada de mi hija hasta que, al seguirla semana tras semana en el concurso, se dieron cuenta de que resulta fácil confundir su sentido del humor con la frivolidad, porque a Tamara le gusta desmitificarlo todo. Sin duda es la más alegre y divertida de la familia.

Estamos asombrados de lo tremendamente profesional que se ha vuelto. Ahora mismo, es la que más trabaja de nosotras. Casi todos los días tiene un acto relacionado con alguna de las marcas de las que es embajadora como Porcelanosa, Sisley, Tous, Kia, Moët & Chandon, Opi, Wella o Luxmetique... Lo ha compaginado con sus colaboraciones televisivas en «El Hormiguero», de Antena 3, o como jurado de «Got Talent», de Telecinco, además de hacer reportajes en todas las revistas de moda a lo largo del año.

No suelo darle consejos sobre cómo llevar su carrera, porque pienso que lo está haciendo estupendamente y, desde luego, mucho mejor que yo. Eso no quita que, si veo algo que no me gusta, o pienso que no está bien, se lo comente, pero ni ella ni sus hermanos me suelen hacer caso.

Admiro mucho a Tamara. Aunque no se lo digo —porque me resulta difícil alabar a alguien tanto en público como en privado—, eso no quiere decir que no lo piense. Carlos y yo siempre estuvimos, y yo lo sigo estando, muy orgullosos de Tamara, de sus valores y principios.

* * *

Tamara se independizó hasta en dos ocasiones. Ahora que está casada viene a comer y a cenar a menudo sola o con su marido, organiza en casa sus reuniones de trabajo y también muchos de sus reportajes fotográficos, da sus clases de yoga y, cuando viaja fuera de Madrid, me deja a Vanilla, Jacinta, Missy y Dalkung, sus perras. Íñigo llama a Miraflores la guardería canina.

La primera vez que se fue de casa no sabía cómo anunciarme su decisión. Aprovechó una llamada conjunta que tuvimos mis hijas y yo, mientras yo estaba en París, para soltármelo. Ni siquiera me lo comentó ella; Ana se le adelantó: «Mami, Tamara se quiere independizar». Se hizo un silencio. Fue tan inesperado que no supe cómo reaccionar. Al retomar la conversación, me explicó que todavía estaba buscando un piso y que no sabía si lo iba a poder pagar. Pasó un par de años viviendo en un ático muy mono, cerca del Teatro Real, y luego se mudó a otro piso, también ideal, en Núñez de Balboa, otros dos años más.

En esa época, Tamara, cuando venía a casa a comer, le entregaba al mozo de comedor una lista para que le preparara en bolsas las cosas que ella quería de mi despensa y las metiera en su coche. A mí nunca me dijo nada y la lista comenzó a hacerse más y más amplia: pasó de llevarse lo básico a coger carne, fruta, etcétera. Un día Ramona, nuestra cocinera, preocupada por si yo me quejaba del aumento en el gasto de la compra mensual, me contó lo que estaba ocurriendo. Hablé con Tamara y le pregunté por qué hacía la «compra» en la despensa de casa si se había independizado. Me contestó que solo lo había hecho a medias, que no llegaba a fin de mes y que era más cómodo venir a hacer la compra en mi casa porque, además, le colocaban todas las bolsas en el coche, algo que en el supermercado no le sucedía. Reconozco que me hizo gracia, aunque intenté disimularlo. Eso solo se le podía haber ocurrido a Tamara con la que resulta casi imposible enfadarse.

Sus dos intentos de independencia terminaron, porque me confesó que en Miraflores se vivía mejor que en ningún sitio. Después de casarse ha terminado instalándose en un ático muy cerca de mí para poder disfrutar, a la vez, de las comodidades de su casa y de la mía.

Al final de su adolescencia, mi hija tampoco se atrevía a confesarme su vocación religiosa. Con 19 años, me planteó que quería ser monja porque había recibido la llamada de Dios. Le respondí que me parecía muy bien y que, si quería, ese mismo día empezábamos a buscar conventos. Le sorprendió mi reacción tan empática hasta el punto de que me dijo: «Mami, parece que te quieres deshacer de mí». Le expliqué que no, que lo que quería era que fuese feliz. Nunca más volvió a sacar el tema. Hoy en día la fe se ha convertido en el pilar de su vida. Pienso que la profunda religiosidad de mi madre ha tenido una gran influencia en ella.

Por otro lado, a Tamara siempre le han gustado los chicos muy guapos. Su primer novio serio fue Kevin, un compañero americano del colegio. Nos lo presentó durante unas vacaciones de Semana Santa que pasamos en Bahamas, en Lyford Cay. Al año siguiente, nos trajo a otro Kevin. Durante dos veranos, este Kevin se unió a nosotros en un crucero por las islas griegas. Nos encariñamos todos con él. Llegó a pedirle a Tamara que se casaran, pero ella le dijo que no.

Justo después apareció en su vida Marco Noyer, un empresario francoargentino, criado en Buenos Aires, con el que estuvo saliendo cuatro años. Se convirtió en un hermano más para mis hijos y en un hijo más para mí. Su familia también mimaba mucho a Tamara, cuando iba de vacaciones a Biarritz o a celebrar el Fin de Año a Punta del Este. Era guapo, encantador y trabajador, pero llegaron a tener tanta confianza entre ellos que se les pasó la magia. Un día, a la hora de comer, Tamara me dijo que Marco le había pedido que se casaran. No la vi muy convencida y le aconsejé que no lo hiciera a pesar de que era el yerno ideal para cualquier madre y estaba totalmente integrado en la familia. Cuando rompieron, Marco, educadísimo y adorable, siguió mandándome flores. Terminó casándose con Bryna Butler, una chica estupenda, hija del presidente de Subaru en Estados Unidos. Ahora viven en Boston y han tenido tres hijos. Curiosamente, el día que Tamara y yo volvíamos de Nueva York, de la segunda prueba de su vestido de novia, nos lo encontramos en el avión de regreso a Madrid. Él venía a Ibiza para la despedida de soltero de un amigo suyo. Nos saludó muy cariñoso y me enseñó las fotos de sus preciosos hijos. Fue la última vez que lo vimos, aunque sigue en contacto con Julio y Enrique.

A Tomasso Musini, un italiano también guapísimo, Tamara lo conoció esquiando en Saint Moritz. Él se mudó a Madrid para estudiar un máster de Finanzas en el CEU, pero, a pesar de ser un chico estupendo, la cosa no duró más de un año.

En 2020, conoció a Íñigo Onieva, su marido. Prefiero no hablar sobre lo muchísimo que sufrió Tamara con la ruptura por la infidelidad y todo el escándalo que se organizó alrededor de ella. Estoy segura de que, de no haber sido por todos nosotros, no lo habría superado. Al final, decidió perdonarle porque, según ella, el perdón es un don que se recibe de Dios. Siguió adelante con su compromiso de matrimonio. Una noche en «El Hormiguero», Tamara recordó un comentario que yo había hecho sobre mi exmarido, y lo que significaba estar enamorado. Ella pensaba que las vidas de Julio y la mía se habían separado sin vuelta atrás por no habernos dado una segunda oportunidad. Mi hija me grabó un CD con mis canciones favoritas de los años setenta. Cuando lo escuché, comprobé que la última era *Me olvidé de vivir* de Julio. Extrañada, le pregunté que por qué me la había incluido si era de los ochenta: «Para que aprendas a perdonar, mami. Tienes que aprender a perdonar».

* * *

Volviendo al tema de mi matrimonio con Carlos, se ha comentado que mi suegra Hilda, duquesa de Montellano, no me aceptaba. Nunca tuve esa sensación sino, más bien, todo lo contrario. Puede que al principio fuese reticente a la idea de nuestro matrimonio: yo era una mujer separada de un cantante y con tres hijos. Sin embargo, me llevé fenomenal con ella. Era una gran señora y la quise mucho. Le encantaba organizar almuerzos todos los días en su casa de la calle Fortuny. Cuando mis padres estaban en Madrid siempre los invitaba, y también a Chábeli. El día que mi madre regresó a Filipinas, tras mi boda con Carlos, mi suegra le dijo: «Quiero que te vayas tranquila, porque recibo a Isabel como a una hija más y la vamos a cuidar y querer mucho». Y así fue.

Hilda era una adelantada a su época, una aristócrata que plantó cara al machismo en su círculo. Amante de la caza, fue una de las mejores monteras de su tiempo, algo impensable entonces en una mujer. Un día la acompañé a una montería en Valero, su finca favorita. Desde muy temprano estábamos en nuestros puestos esperando a que nos entrara un venado. Recuerdo cómo el secretario me dijo: «Señora marquesa, dispare ahora». Y disparé. Maté al pobre venado, que lloraba cuando nos acercamos a verlo. Me pidieron que lo rematase con un cuchillo de monte, pero no pude. No estoy en absoluto en contra de la caza, pero me dio mucha pena. Por eso, nunca más volví a tirar, aunque continué yendo a muchas cacerías tanto en España como fuera. Cuando matas tu primer venado es tradición tener dos padrinos y yo tuve el lujo de contar ese día con mi suegra y con el conde de Teba, también gran cazador, al que apodaban Bunting. Aún guardo el trofeo y el diploma de esa montería, firmado por las dos mejores escopetas de España.

* * *

Después de los años felices, vino la crisis entre Carlos y yo. Una de las personas en las que más me apoyé fue en mi íntima amiga, casi hermana, Margarita Vega-Penichet, casada con Manuel Guasch. Nuestra amistad empezó cuando llegué a España. Margarita insistía en que nuestras madres se conocieran. Entonces comenzamos a hacer almuerzos de madres e hijas: Margarita, sus tres hermanas, a las que adoro, mi madre y Beatriz; más adelante se unieron mis hijas y su hija Claudia, con la que seguimos en contacto. También sus sobrinas Gachi y Lucía son como hermanas para Tamara y Ana. Fernando y Jaime, hijos de Margarita, son íntimos de Julio y Enrique porque han crecido juntos y siguen conservando su amistad a pesar de la distancia que actualmente los separa. Cuando estábamos en Madrid, todos los fines de semana jugábamos al pádel y después de cenar nos quedábamos hasta la una o las dos de la mañana jugando al escondite con los niños. Mi hija Ana dice que si ella se escondía tan bien es porque lo aprendió de nosotras.

Podía contar con Margarita para todo, era como una bola de oxígeno. Cuando entraba en un lugar, llenaba todo de felicidad. Me encantaban nuestras conversaciones telefónicas a las doce de la noche cuando todo el mundo dormía. Falleció en 2005 por un cáncer, tan solo seis meses después del diagnóstico. Perder una amiga como Margarita es de lo peor que puede pasarte en la vida y a mí se me fue mi amiga del alma. Seguí esperando muchas noches su llamada, siempre a la misma hora. Compartimos los momentos más importantes de nuestras vidas. Y como no podía ser de otra manera, estuvo a mi lado el día en el que fui verdaderamente consciente de lo mal que lo estábamos pasando con la separación. Vino a mi casa de Arga y tuvo que atravesar la masa de fotógrafos y periodistas que estaban en la calle. Le impresionó mucho y, cuando me lo comentó, le dije que eso era lo que menos me importaba, que lo que me rompía por dentro era el daño inmerecido que le estaba haciendo a Carlos, a pesar de que me esperaba una vida junto al hombre del que estaba enamorada. Me destrozó separarme de Carlos, haciéndole tanto daño, porque me había enamorado de Miguel. Me sentí muy mal también por Hilda, quien siempre me había dado tanto cariño y que había sido tan generosa conmigo. No tuve ocasión de decirle cuánto me dolía toda la situación que se había creado por mi culpa. No la volví a ver hasta que, desgraciadamente, falleció su hija Rocío el 21 de febrero de 1990. Al darle el pésame a Carlos, él me pidió que me acercara a ver a su madre. Lo hice y me emocionó y sorprendió lo cariñosa que estuvo conmigo. Volví a comprobar la gran mujer que era, la fortaleza que tenía y la manera extraordinariamente digna con la que llevaba la enorme tragedia de la pérdida de su única hija, a quien estaba muy unida.

Me alegré de que Carlos se casara con Fátima de la Cierva. He tenido muy buena relación con ella, porque, además de ser estupenda, se portó muy bien con Tamara y la cuidó perfectamente. Nosotros hemos querido mucho a sus hijos Duarte y, sobre todo, a Aldara, que venía a menudo a casa. Era una niña inteligente, graciosa, ocurrente e ingeniosa. A Miguel y a mí nos encantaba que se quedara algún fin de semana a dormir con nosotros o que se uniera de vez en cuando a nuestras vacaciones. Me llamó hace poco para darme la gran noticia de que ha sido admitida en Harvard y eso me ha llenado de orgullo y alegría.

* * *

En la última etapa de su vida, Carlos y yo nos encontramos a menudo. Sobre todo en el Teatro Real y siempre fue muy cariñoso conmigo. Recuerdo una cena que organizó en El Rincón para homenajear a la gran violinista Anne-Sophie Mutter y a la que nos invitó a Mario Vargas Llosa y a mí. Nos sentó en la mesa principal con él y luego estuvimos también juntos durante el flamenco en el que actuaron Los del Río gracias, una vez más, a Fernando Falcó. Carlos pronunció un discurso muy emotivo y pidió que se acercaran a él sus tres hijas para presentar su vino tinto Marqués de Griñón AAA, un homenaje a ellas: Xandra, Tamara y Aldara.

Con Manolo y Xandra, los hijos mayores de Carlos, mantuve siempre buena relación hasta que nos separamos. Entendí perfectamente el cambio en su actitud porque me había portado mal con su padre y estoy segura de que, en su lugar, yo hubiese sentido exactamente lo mismo que ellos hacia mí. Aun así, siempre que nos veíamos nos saludábamos porque, al igual que su padre, están los dos magníficamente bien educados. Ahora la relación es buena. Mi hijo Enrique, cuando ha ido a dar un concierto a Londres, ciudad en la que vivían Amparo, Manolo y sus hijos, les ha invitado a ver su *show* y se han reunido después. A mis hijos también les hace mucha ilusión ver a Xandra porque de pequeños compartieron muchas cosas juntos.

La relación entre hermanos, incluso entre los hermanos de sus hermanos, ha sido estupenda. Mis hijos siempre han hablado maravillas de Carlos. Hace unos años, durante una cena en Miami relacionada con el tema del vino, Julio le pidió a Alfonso Cortina que se lo presentara. Al volver a Madrid, Carlos me llamó y me contó que Julio le había dado las gracias por haber cuidado siempre y tan bien de Chábeli, Julio y Enrique.

La vida nos tenía reservado un duro golpe. El miércoles 18 de marzo de 2020 hablé por última vez con Carlos por teléfono. Llevaba unos días ingresado en Madrid, en la Fundación Jiménez Díaz, por culpa del maldito COVID. Me contó que había mejorado y que, probablemente, le iban a dar el alta. Me llevé una alegría muy grande y nos despedimos, como siempre, en inglés: «Big, big, kiss». Nunca imaginé que no volvería a escuchar su voz. Al día siguiente, Tamara, que vivió durante la pandemia con nosotros, me informó de que su padre había empeorado y que había entrado en la UCI. Todo se precipitó y en la madrugada del viernes 20 de marzo de 2020 Carlos, con ochenta y tres años y después de un fallo multiorgánico, nos dejó para siempre. Tamara, completamente hundida, me comunicó la triste noticia del fallecimiento de su padre. A mis hijos les afectó mucho la muerte de su tío Carlos y quisieron recordarle compartiendo imágenes de pequeños con él en sus redes sociales. Yo entonces también me había contagiado del terrible virus y me encontraba aislada en mi zona de la casa. Por eso, me dolió muchísimo tardar unos días en poder abrazar e intentar consolar a mi hija Tamara que estaba destrozada.

Carlos Falcó fue fundamentalmente un hombre lleno de bondad que procuró, a lo largo de toda su vida, hacer feliz a la gente que le rodeaba. Los que tuvimos la suerte de conocerlo no le olvidaremos nunca.

12
Fascinada por su inteligencia

Es curioso cómo a veces vives momentos históricos sin saberlo y cómo la más simple de las decisiones que tomas termina por darle un giro a toda tu vida. A finales de los años setenta y durante la década de los ochenta, con la transición política, España vivió un momento irrepetible en el que me vi involucrada muy a mi pesar en algunos medios de la prensa rosa y en cotilleos de salones y pasillos. Confieso que fue muy emocionante conocer de primera mano a los artífices del cambio, participar en conversaciones increíblemente interesantes y ser testigo de los acontecimientos que se sucedían en la recién nacida democracia. Fue una época de ilusión y miedo a partes iguales, de grandes estadistas, de generosidad, equilibrio, honestidad y ansias de vivir con mayor libertad en una sociedad que progresaba, crecía y se miraba en el espejo de los países más avanzados de nuestro entorno. La política era, en aquellos años, la protagonista ineludible de la actualidad y de las conversaciones de los españoles en todos los niveles. Y no podía imaginar hasta qué punto, en poco tiempo, terminaría siéndolo en mi vida.

España fue un ejemplo internacional de transición de una dictadura a una democracia, sin derramar una sola gota de sangre. Gabriel Cisneros, Miguel Herrero de Miñón, José Pedro Pérez-Llorca, Gregorio Peces-Barba, Jordi Solé Tura, Miquel Roca y Manuel Fraga renunciaron a sus propias ideologías y consiguieron ponerse de acuerdo, en el año 1978, para redactar la Constitución, un texto que ha servido de base para la etapa más larga de libertad y prosperidad de este país. Aunque los conocí a todos, tuve la suerte de poder tratar más de cerca a Fraga, Herrero de Miñón y Peces-Barba, personas de una gran talla política que siempre supieron supeditar al interés común sus aspiraciones personales.

En ese Madrid de los años ochenta, hubo una mujer con carácter y visión, que consiguió reunir en el salón de su casa a muchas de las principales personalidades del momento. Se llamaba Mona Jiménez, era una periodista de origen peruano que residía en Madrid desde los años cincuenta, alta, fuerte, afable, cariñosa, con gran poder de convicción y don de gentes. A Mona se le ocurrió organizar todos los lunes, a la hora del almuerzo, una comida en su casa de la calle del doctor Fleming y convocar a muchos personajes relevantes de la vida política y social, sin importar sus diferencias ideológicas, culturales o económicas. Durante esta época efervescente, aristócratas, banqueros, empresarios y políticos de todos los partidos, con ganas de debatir, pero también de convivir y de intercambiar información, acudían a la llamada de Mona y participaban en los intensos coloquios políticos que se suscitaban en las sobremesas. En su salón te podías encontrar a Antonio Garrigues, Manuel Fraga y Santiago Carrillo, pero también a los todavía desconocidos Miguel Boyer, Carlos Solchaga y los hermanos Javier y Luis Solana. Por aquel entonces, nadie podía imaginar que estos jóvenes socialistas con carreras brillantes acabarían formando parte del Gobierno, y que serían los artífices de muchos de los grandes cambios que vivió España en los años posteriores.

Siempre se servía un único menú: las famosas lentejas y un delicioso postre elaborado por Helena Kirby, hija de la gran duquesa de Rusia. Aunque aquellas lentejas eran riquísimas, no era esa precisamente la razón por la que nadie quería perderse aquellas reuniones en las que se discutía, se estrechaban lazos o se hacían interesantes relaciones personales y profesionales. Tanto éxito logró Mona con sus lentejas —llegó a contar con sesenta comensales—, que tuvo que mudarse a un piso más grande, en la calle Capitán Haya. Y fue allí donde, sin planearlo ni imaginarlo, dio comienzo la historia de amor más importante de mi vida.

Desde hacía tiempo, mi gran amiga Paloma Sanz-Briz —hija del célebre Ángel de Budapest, el diplomático español que consiguió salvar la vida de varios miles de judíos sefardíes durante la Segunda Guerra Mundial— me insistía en que la acompañara un lunes a la reunión de Mona Jiménez, quien, a su vez, la presionaba a ella para tenerme entre sus invitados. La verdad era que yo no tenía ningún interés en ir y siempre le ponía como excusa que me era imposible, porque Carlos y yo pasábamos los fines de semana en el campo, en familia, y no regresábamos a Madrid hasta el lunes precisamente. Pero tanto se empeñó Paloma que al final, un domingo, la llamé para confirmarle que al día siguiente iría con ella a las famosas lentejas. ¿Quién me iba a decir que aquella llamada significaría tanto en mi vida? Cada vez que lo pienso, me doy cuenta de lo caprichoso que es el destino: a veces tomamos pequeñas decisiones, casi sin darles la menor importancia, que lo cambian todo para siempre y de forma irreversible.

Tan pronto como Mona se enteró de que yo iba a asistir, y aunque no había sitios reservados en sus reuniones, me guardó un lugar en una de las mesas que ella consideraba especiales. A mi derecha se sentó Miguel Doménech, abogado y presidente de UCD de Madrid, el partido en el Gobierno durante la Legislatura Constituyente. Era un hombre encantador con el que conversé animadamente. Recuerdo que en un momento dado le pregunté discretamente quién era el señor que estaba a mi izquierda. «Miguel Boyer —me respondió—: socialista, economista y una gran promesa». De inmediato, pensé: «¡Un socialista! Mejor no le dirijo la palabra, porque no querrá ni hablar conmigo». Me equivoqué. Miguel no sabía nada de mí y empezó a preguntarme por mi vida. Hablamos sin parar y el tiempo se nos pasó volando.

A los cuarenta y tres años, y ya en esa primera impresión, me pareció un hombre especialmente atractivo, con la frente despejada y algunas canas en su pelo rizado. Usaba unas gafas de pasta de color negro, que le daban mucha personalidad, y detrás de los cristales se escondían unos ojos azules que me sonreían y que me miraban sin descanso. Yo tenía treinta y dos años, estaba casada con Carlos Falcó y teníamos una hija muy pequeña, Tamara, que había nacido en noviembre de 1981. Estaba agradecida en aquel momento a la vida serena junto a Carlos, y no imaginaba que Miguel irrumpiría en ella con tanta intensidad.

Al terminar la comida, situaron las sillas en círculo, como hacían habitualmente para iniciar el coloquio, y de nuevo, Miguel se sentó a mi lado y estuvo todo el tiempo muy pendiente de mí. Detectó que yo estaba preocupada, porque tenía prisa en marcharme, y me dijo: «Si te tienes que ir, te llevo cuando quieras». Busqué a Paloma para informarle de que Miguel Boyer me hacía el favor de llevarme a casa. Justo en el momento en que estábamos los dos saliendo por la puerta, María Cuadra, una actriz de la época, corrió hacia nosotros y le preguntó a Miguel si también podía llevarla a ella a su casa. «Por supuesto», contestó él. Tan pronto como llegamos al coche, María se sentó en el asiento del copiloto y yo, detrás. Ella se bajó primero porque vivía en el Paseo de la Castellana y Miguel y yo continuamos hasta El Viso. Se detuvo frente a mi casa. Mientras me bajaba del coche, me preguntó si pensaba volver a las lentejas de Mona y a mí me pareció ver ya un interés tan explícito en su pregunta que le dije la verdad, lo único que podía contestarle dadas las circunstancias; que no creía, porque solo había ido ese día como favor a mi amiga Paloma. Apenas me había alejado unos pasos, cuando él insistió: «Pero ¿te volveré a ver?». «Nunca se sabe», respondí.

Y es verdad, nunca se sabe. Sin haber hecho nada para propiciar un segundo encuentro, el destino, otra vez, volvió a reunirnos un par de semanas más tarde. Era una fiesta de cumpleaños a la que Carlos y yo habíamos sido invitados por nuestra amiga Chuni García Lomas, exmujer de Fernando Primo de Rivera. Por aquel entonces, Miguel era director de Planificación y Estudios del Instituto Nacional de Hidrocarburos, donde también trabajaba nuestra anfitriona. Por eso, él y su mujer, Elena Arnedo, también asistieron a la fiesta aquel día. Y creo que ni siquiera pude disimular lo agradable que me resultó que coincidiéramos. Cenamos en la misma mesa los cuatro, y recuerdo que aquella noche descubrí el sentido del humor de Miguel: inteligente, ingenioso, mordaz e irónico. Lo pasamos muy bien, no paramos de reír y charlar, hasta que, al final antes de despedirnos, se volvió hacia mí y me preguntó directamente: «Oye, pero ¿irás a las lentejas?». Negué con la cabeza. «Pues yo tampoco —replicó—. ¿Volverás alguna vez?». «No creo», confesé. «Pues yo tampoco», sentenció.

Aún recuerdo sus ojos pícaros, esos tan suyos que literalmente sonreían. En ese instante, me di cuenta de que yo le interesaba mucho más de lo que me había podido imaginar. Durante aquella cena, entre otros temas de conversación, hablamos de la muestra en una galería de Madrid del pintor Vázquez Díaz. Laura, la nieta del artista, me había invitado a la exposición que, casualmente, estaba en la misma calle de las oficinas del Instituto Nacional de Hidrocarburos. No sabía entonces si a Miguel realmente le interesaba o no el neocubismo, pero se lo propuse y él se apuntó de inmediato al plan. Fue la tercera vez que nos vimos y la primera que ya no era producto de la casualidad, sino de nuestra voluntad. Para entonces yo ya era consciente de que tanto Miguel como yo sentíamos algo inexplicable el uno por el otro, algo que, incluso a pesar nuestro, nos atraía como si fuera un imán. Pero debíamos ser discretos; aunque Miguel aún no era una persona conocida, los dos estábamos casados. Nuestro encuentro, en aquella galería de arte, podría dar lugar a malentendidos y creo que, en aquel momento, lo único que sentíamos eran unas ganas increíbles de volver a vernos, sin imaginar siquiera que aquello podría ir más allá.

Ese día, la lluvia caía con fuerza sobre Madrid. Llegué sola, conduciendo mi propio coche. Los limpiaparabrisas apenas daban abasto para retirar el agua. El tráfico estaba imposible. Tuve que dar varias vueltas porque no había dónde aparcar. Pensé que no iba a llegar nunca. Cuando al fin encontré un sitio, corrí hacia la exposición nerviosa, consciente de que llegaba tardísimo. Y tan pronto como me asomé por la puerta, Laura me avisó de que había un señor esperándome. Nunca olvidaré esa escena: Miguel estaba al fondo de la sala, empapado, con su gabardina *beige* y su paraguas negro chorreando agua. Nada más verme, me sonrió de la manera que solo él sabía hacerlo y se le iluminó la cara. Yo sonreí y le pregunté que si ya había visto la exposición y asintió. Entonces, le pedí que repitiera la visita, pero que empezara por el final, porque no era prudente que hiciéramos el recorrido juntos. Estuve algo distante con él para que las pocas personas que había en la galería en ese momento creyeran que nuestro encuentro era casual y no se notase que habíamos quedado. Mucho tiempo después, me confesó que aquel día me hubiera querido estrangular. Cuando terminamos de ver la exposición, me acompañó hasta el coche y, en ese momento, aprovechó para pedirme el teléfono.

Pocos días después sentí que el corazón me daba un vuelco, cuando me llamó para invitarme a comer. Traté de razonar con él y conmigo misma. Le expliqué, por enésima vez, que nosotros no podíamos hacer esas cosas; que yo estaba casada y que él también. Pero me dio la sensación de que a Miguel nada se le iba a poner por delante si se trataba de estar conmigo. Y a esas alturas yo tampoco me podía negar.

Me llevó a El Mesón de Fuencarral, un restaurante en la carretera de Colmenar Viejo, que entonces eran las afueras de Madrid y al que yo no había ido nunca. Comimos al aire libre y pedimos un menú sencillo: gazpacho y filete empanado. En realidad, lo pidió Miguel, porque yo estaba tan nerviosa por aquella sensación de clandestinidad que a todo le decía que «yo también, yo también». De nuevo lo pasamos fenomenal y no pudimos parar de reír durante toda la comida. Miguel no era consciente de lo conocida que yo era, porque no leía revistas del corazón. A él le interesaban otras cosas: la política, por supuesto, la Física, la Biología, las Matemáticas, la Historia, los libros, la actualidad... Por eso, no comprendía que si nos veían comiendo juntos podrían empezar los rumores. De repente, apareció un autobús, del que se bajaron unas treinta señoras, que me reconocieron de inmediato y se pusieron a cuchichear mientras se daban codazos: «Mira, mira, la Preysler».

Yo había tomado precauciones por si algo como eso pudiera suceder. Había llevado conmigo una carpeta llena de documentos, para que pareciera que estaba en una comida de trabajo con mi arquitecto o mi abogado. Miguel entonces solo era conocido entre políticos y, por suerte, aquellas señoras no le identificaron. Afortunadamente, mi puesta en escena debió de funcionar, porque aquel encuentro, el cuarto de nuestra vida, no trascendió a los medios. Aquel día, Miguel me contó que Elena y él llevaban vidas separadas desde hacía algún tiempo. Me explicó que había tenido una historia importante que había terminado recientemente con una señora, soltera entonces, de quien había estado enamorado y luego pasó muy por encima sobre un par de relaciones sin importancia que estaba manteniendo en esos momentos. Por mi parte, mi matrimonio con Carlos en aquella época no estaba pasando por su mejor momento, pero no me pareció oportuno comentárselo. Al fin y al cabo, me repetía a mí misma, aquello solo era una comida sin mayor importancia, un hecho puntual…

Pero no lo era, y los dos lo sabíamos. A partir de entonces, las cosas empezaron a cambiar. Nos llamábamos por teléfono todos los días. Él me había dado su número directo, para que no tuviera que pasar por la centralita ni por el filtro de su secretaria. Nuestras conversaciones se volvieron más íntimas, y a mí se me aceleraba el corazón cada vez que escuchaba su voz. Sentía como si estuviera inmersa en una corriente y no pudiera resistirme al avance de los acontecimientos, pero trataba de convencerme de que había marcha atrás. Me cautivó porque era un gran conversador, alguien con el que podías tratar todos los temas, desde el más profundo al más superficial y frívolo, a quien le interesaban las cuestiones más diversas; desde la Egiptología a Andrea Pfister, de la Física Cuántica a Laurence Graff..., leía cuanto caía en sus manos y tenía una memoria fotográfica portentosa. Además, su sentido del humor tan inteligente y ácido me hacía reír siempre.

Miguel y Elena Arnedo, su mujer, empezaron a venir algunos fines de semana junto a otros amigos a Casa de Vacas, la finca de Carlos en Toledo, en Malpica de Tajo. Para poder estar más tiempo conmigo, Miguel se inventó que le gustaba jugar al pádel, deporte que yo practicaba muchísimo. Organizábamos torneos muy divertidos: Margarita Vega-Penichet casada con Manuel Guasch y que era como una hermana para mí, y yo jugábamos contra él y su amigo, Guillermo de la Dehesa —al que nombró secretario de Estado—, y también contra Romualdo de Toledo, uno de los fundadores de *Diario 16*. Durante los partidos, Miguel apenas se movía en la pista, mientras que Guillermo y Romualdo, que jugaban al tenis, eran unos contrincantes estupendos. Era tan evidente el porqué se había aficionado Miguel al pádel que, cuando se consolidó nuestra relación, Miguel guardó su raqueta y no volvió a jugar nunca más.

Al principio, todo sucedía muy deprisa entre nosotros y creo que preferíamos no pensar. Los dos deseábamos pasar tiempo juntos, aunque era difícil por nuestra situación personal. Justo dos meses después de conocernos planeamos un encuentro secreto en París. Yo viajé a esta ciudad con la excusa de asistir a la boda de una amiga, y de visitar a otra muy querida: Carmen Martínez-Bordiú, quien, tras separarse del duque de Cádiz, vivía allí desde hacía un tiempo junto a Jean-Marie Rossi. No le conté a nadie el verdadero motivo de mi escapada. Ni siquiera a Carmen, a pesar de que me moría de ganas de confesárselo.

Al final, no tuve más remedio que decírselo, cuando me interrogó sobre mis planes para esa noche. «Tengo una cena», le respondí rápidamente sin dar mayores explicaciones. A ella le sorprendió que no la incluyese e insistió en acompañarme. «Es que… ¡ceno con unos socialistas!», le dije por salir del paso, esperando que eso le hiciera desistir. Como aun así, continúo insistiendo en apuntarse, no tuve más remedio que especificar: «Carmen, ceno con UN socialista». Se calló de repente. En ese instante, se dio cuenta de que no podía acompañarme.

Y por fin llegó la hora. Me preparé muy emocionada para aquel encuentro en una ciudad llena de magia. En París, por primera vez, nos atrevimos a pasear de la mano como cualquier pareja de enamorados, sin miedo a ser descubiertos. Yo me sentía liberada, pero también nerviosa ante la trascendencia de aquel momento. Era una noche de finales de mayo y los Campos Elíseos estaban llenos de gente, lo que me tranquilizó porque pasábamos perfectamente desapercibidos. Cenamos en una terraza cubierta de un bistró, y después, nerviosos y anticipando lo que ocurriría esa noche, caminamos juntos hasta mi hotel.

Volvimos a Madrid en el mismo avión y Miguel se las arregló para sentarse a mi lado. Todavía seguíamos viviendo aquel sueño de nuestra primera noche juntos y durante el vuelo, cuando estábamos seguros de que no pasaba ninguna azafata, ni nadie nos miraba, nos cogíamos de la mano, como dos adolescentes. Éramos conscientes de que tan pronto como aterrizáramos en Madrid, tendríamos que regresar a la realidad de nuestras respectivas vidas.

En Barajas, me esperaban los escoltas que había contratado Julio para proteger a mis hijos. Como varios de ellos habían trabajado con anterioridad en el aeropuerto, cuando venían a recogerme, me llevaban por un lugar discreto, para evitar las colas y la curiosidad de la gente. En aquella ocasión, y tratando de no darle importancia, les pedí que también pasasen a Miguel, como si fuera un amigo o alguien a quien acababa de conocer de forma casual en el avión. «¿Todavía se llevan estas cosas?», me preguntó. «No te quejes —le contesté entre risas—. Tienes suerte de que te estemos colando». En el aeropuerto, con demasiados testigos no pudimos despedirnos como nos hubiese gustado. Nos dijimos adiós como dos conocidos. A los dos nos consolaba saber que nunca olvidaríamos lo que acabábamos de vivir en París.

Después de aquel día, continuamos viéndonos mucho, aunque cada vez nos resultaba más complicado. Durante el verano de 1982 hicimos lo imposible por encontrarnos. A Carlos y a mí nos habían invitado a navegar a bordo del Marala, el espectacular yate de sesenta metros de eslora de Robert Balkany y de su mujer, María Gabriela de Saboya. Nos dieron a elegir entre una travesía por las islas griegas o por las Baleares, y yo, sin dudarlo, escogí la segunda opción porque sabía que Miguel iba a pasar unos días en Mallorca. Se lo comenté y quedamos en que si veía el barco —que no pasaba desapercibido en el Mediterráneo—, se acercaría y subiría a bordo para tomar algo con nosotros. Pero no contamos con un pequeño problema técnico que nadie pudo prever. Al ser un barco tan grande, era imposible atracar en el Club de Mar —todavía no se habían llevado a cabo las reformas posteriores—, así que el Marala tenía que fondear fuera del puerto, y cuando queríamos desembarcar, lo hacíamos a bordo de unas zodiacs. Pero estábamos lejos de la isla y, dadas las circunstancias, parecía imposible que me pudiera encontrar con Miguel.

Yo lo estaba pasando muy mal pensando que él estaría buscándonos sin saber qué estaba ocurriendo, pero no podía hacerle llegar ningún mensaje en esos tiempos en los que no existían los teléfonos móviles, ni nada parecido. Pasaban los días y mi esperanza de verlo se desvanecía. Hasta que, por suerte, una tarde subió al barco José María Juncadella. Le pregunté si sabía dónde estaba Miguel Boyer, tratando de que mi pregunta sonara casual, y al contestarme que sí, le pedí que le diera una nota en la que le explicaba todo lo sucedido. Y funcionó. Al día siguiente, mientras tomaba el sol en cubierta, escuché la voz de Miguel y mi corazón latió con más fuerza: «¡Isabeeel!». Miré hacia el mar y ahí estaba: en una lancha a nuestro lado, junto a Elena y otro matrimonio. Lo habíamos conseguido: volvíamos a encontrarnos; esta vez en el mar. Les invitamos a subir a bordo, pero dijeron que no. Y a cambio, nos propusieron quedar a cenar por la noche y nuestro grupo aceptó encantado; pero yo era la más feliz de todos, porque iba a poder pasar un rato a su lado. Pese a los impedimentos, nuestro enamoramiento fue precioso y nuestras vivencias tan mágicas que aún hoy sonrío con nostalgia al recordarlas. Nadie daba entonces un duro por nuestra historia, pero duramos más de veintiséis años juntos.

Aquel fue el último verano en el que Miguel pudo vivir en un relativo anonimato, porque dos meses más tarde, las elecciones generales del 28 de octubre de 1982 lo cambiaron todo. Ese día, más de diez millones de españoles eligieron a Felipe González como presidente del Gobierno español. Bajo el lema «Por el cambio», el PSOE consiguió mayoría absoluta tanto en el Congreso de los Diputados como en el Senado. Recuerdo que era jueves y que, por uno de esos raros azares que ocurren en la vida, ese día, cuando regresaba del colegio electoral, me crucé con Miguel en El Viso, donde vivíamos los dos. Bajé la ventanilla de mi coche, nos saludamos y le deseé suerte. Yo no le había votado porque deposité mi confianza en UCD, un partido en el que tenía muchos amigos. Fue quizá otra señal del destino que Miguel y yo nos viéramos por casualidad ese día tan señalado. No estaba cómodo con nuestra situación, porque desde el principio me hizo saber que para él la historia que estábamos viviendo no era ni mucho menos una aventura sino algo muy serio y con futuro. En aquella noche, que fue muy especial para Miguel y para todos los socialistas —muchos de ellos ya eran amigos míos y otros llegarían a serlo con el tiempo— no pude felicitarle, ni hablar con él. Celebramos la victoria electoral con *champagne* y un almuerzo al día siguiente en casa de unos amigos de Miguel. En aquel momento efervescente de cambio, todo parecía posible. Y quizá eso nos contagió de ilusión, de esperanza de poder vivir nuestro amor sin tener que escondernos nunca más.

Como es lógico, después de las elecciones se especulaba mucho sobre cómo se constituiría el primer Gobierno socialista. Miguel me había confiado que Felipe González quería nombrarle ministro de Economía; pero unos días antes del anuncio, Carlos y yo coincidimos en una cacería con el rey don Juan Carlos, y entre ojeo y ojeo, los invitados le preguntaron al rey por la futura composición del Gobierno. «¿Y Boyer que puesto ocupará?», dijo alguien. Y el rey respondió que Defensa. Yo me quedé sorprendida pero no hice ningún gesto ni comenté nada para que nadie allí imaginara que yo estaba viéndome con Miguel. En cuanto regresé a Madrid, le llamé y le conté lo que había dicho don Juan Carlos, y lo justificó diciendo que eran muchos los que lo pensaban porque Felipe le había pedido que le acompañase al funeral de Víctor Lago Román, general de División del Ejército de Tierra, asesinado por ETA de tres disparos en la cabeza, en Madrid el 4 de noviembre de 1982 y, por eso habían dado por hecho que ocuparía la cartera de Defensa.

El 3 de diciembre de 1982 se resolvió el gran misterio: Miguel Boyer fue nombrado ministro de Economía, Hacienda y Comercio. Le apodaron El Súperministro, quizá el más poderoso que había habido nunca en la historia de España hasta entonces. Para él, se iniciaba un período muy complicado y lleno de retos, aunque según muchos economistas y expertos, durante sus tres años en el Gobierno, Miguel fue valiente y consiguió transformar y modernizar el sistema financiero español. Todo ese trabajo, lo pienso también desde la perspectiva que da el tiempo, le hizo asumir un alto coste personal que lidiaría de la mejor forma posible.

Una de las situaciones más delicadas para él fue la expropiación de Rumasa, aprobada por Decreto-Ley en Consejo de ministros, en febrero de 1983. Me consta que Miguel y su equipo trataron de negociar con José María Ruiz-Mateos y le ofrecieron alternativas, pero este se negó a colaborar. No les quedó más opción que expropiar un opaco *holding*, que controlaba alrededor de 700 sociedades con un déficit patrimonial de unos 100.000 millones de pesetas y que provocaba un agujero a la Seguridad Social de 30.000 millones de pesetas anuales. Aunque la decisión había sido del Gobierno, Miguel se convirtió en la diana de los desagradables ataques de Ruiz-Mateos, que se disfrazaba de Supermán, le lanzaba tartas o improperios, y hasta le propinó aquel famoso puñetazo por el que le tiró las gafas al suelo. Miguel tuvo mucha paciencia, mantuvo la calma y jamás respondió a estas provocaciones. Era muy inteligente e íntegro, y cuando tomaba una decisión lo hacía con responsabilidad, siempre de acuerdo con sus principios, por lo que resultaba muy difícil hacerle cambiar de opinión.

También fue muy comentada la famosa Ley Boyer, aprobada en mayo de 1985, en la que se puso fin a la renta antigua de las viviendas de alquiler evitando así que algunos inquilinos siguieran pagando cantidades ridículas por viviendas de lujo. Hasta entonces no se permitía a los propietarios subir el precio de los alquileres por encima del IPC y los contratos podían pasar de padres a hijos e incluso a sus nietos. Miguel liberalizó el mercado de los alquileres, los horarios comerciales y la inversión extranjera y permitió que los contratos de alquiler pudieran ser temporales en vez de vitalicios, y que las viviendas pudieran convertirse en locales comerciales.

En el periodo posterior a las elecciones, Miguel se separó de Elena Arnedo de quien, como me dijo desde el principio, llevaba tiempo distanciado, y se instaló en un pequeño apartamento que había en el mismo Ministerio de Economía, en la calle de Alcalá cerca de la Puerta del Sol. Miguel era ahora libre, pero yo no era capaz de dar ese paso. Sentía un profundo cariño por Carlos, nuestra hija Tamara era muy pequeña y no quería exponer al resto de mis hijos al escándalo mediático que estaba segura que generaría esa decisión. Las circunstancias eran cada vez más complicadas para nosotros. Miguel trabajaba todas las horas del mundo, tenía que viajar y además vivía rodeado de escoltas. Encontrar un momento para poder vernos era como hacer encaje de bolillos. No es cierto, como se dijo, que yo lo visitara en aquel apartamento. Solo estuve allí una vez, durante la celebración de su cuarenta y cuatro cumpleaños en febrero de 1983 en la que reunió a un grupo de amigos. Llegué con mi gran amiga Pirucha Cano y me fui con ella en cuanto terminó la cena. En aquellos tiempos tan complicados, solo podíamos vernos en casas de íntimos: en la de Mona, en una de Núñez de Balboa, o en un chalet de La Moraleja. Si la agenda de Miguel no lo impedía, los jueves a mediodía solíamos pasar unas horas juntos. Su jefa de gabinete, Petra Mateos, a quien él quería muchísimo y por la que yo siento un enorme cariño, le ayudaba a organizar su agenda. Ella, que pasó más tiempo que nadie junto a Miguel aquellos años, me contó que desde que nos conocimos, no volvió a interesarse por nadie más. Y que cuando nos enfadábamos, ella lo notaba enseguida... y sufría su malhumor.

Miguel y yo nos habíamos enamorado. Había ocurrido sin que ninguno de los dos lo planeáramos y, desde luego, sin querer provocar ningún sufrimiento, pero, evidentemente, no pude evitar que Carlos se sintiera traicionado y dolido al enterarse de nuestra relación. Tuvimos una conversación tensa y triste, comprendimos que nuestro matrimonio había terminado y nuestro mundo se rompió en mil pedazos. Pese a la culpabilidad que sentía, no podía arrepentirme de lo que había sucedido. Carlos no paraba de repetirme que Miguel y yo éramos polos opuestos y que lo nuestro no duraría, pero tuve que explicarle, con mucha pena y sintiéndome muy culpable, que estaba enamorada, que no podía hacer nada por cambiar las cosas y que me dolía en el alma hacerle tanto daño. Aunque mi matrimonio con Carlos duró pocos años, junto a él fui feliz. La vida a su lado era muy fácil, porque era una persona adorable y generosa que procuraba continuamente que todo el mundo estuviera contento y lo pasara bien. Fue maravilloso con todos mis hijos, algo por lo que siempre le estaré profundamente agradecida. Mis niños le querían muchísimo, y todavía hoy guardan un gran recuerdo del tiempo que pasamos juntos. Además, teníamos a nuestra pequeña Tamara; una niña encargada por amor y nacida rodeada de todo el cariño del mundo, muy simpática y divertida, que era la alegría de la casa. Cuando el amor se rompe, todo lo conocido se viene abajo, se destruye. Yo había encontrado a la persona con la que quería vivir el resto de mi vida, pero decir adiós a alguien tan lleno de bondad como Carlos fue desgarrador.

Si la situación era delicada y triste en el ámbito de lo privado, lo peor estaba aún por venir. Era consciente de que la noticia trascendería y que, para mi horror, se convertiría en un asunto público. El torbellino mediático, el escándalo, se precipitó antes de lo esperado, debido a la situación por la que atravesaba el Gobierno de Felipe González. Miguel solía tener a menudo dificultades para sacar adelante cualquier ley, porque los guerristas le tumbaban todas sus propuestas. Incluso cuando planteó la Ley Boyer, le desacreditaron diciendo que su intención era favorecer a los ricos. Para evitar que siguieran produciéndose estas situaciones, Felipe había prometido a Miguel que le nombraría vicepresidente para que pudiese llevar a cabo todas las políticas económicas que tenía planeadas.

Pero Alfonso Guerra se opuso con fuerza a este nombramiento y amenazó con dimitir. Felipe se vio obligado a elegir. Con la integridad que le caracterizaba y después de mucha reflexión y dadas las condiciones a las que se enfrentaba, Miguel tomó una decisión muy dolorosa: no podía seguir en el Gobierno.

La madrugada del 4 de julio de 1985, fecha que nunca olvidaré, Carlos Solchaga, al que llamé varias veces a lo largo de la noche para estar informada, fue al Ministerio para convencer a Miguel de que no dimitiera. Por supuesto, también hablé con Miguel para hacerle cambiar de idea. Me parecía injusto que alguien tan válido como él tuviera que abandonar su puesto por esas luchas de poder internas. Pero fue imposible. El 6 de julio de 1985, después de casi tres años al frente de Economía, Hacienda y Comercio, Felipe González anunció en televisión la formación del nuevo Gobierno y, por tanto, el nombramiento de Carlos Solchaga como sucesor de Miguel. Ese día, me llamó muy temprano: «Necesito que te vengas conmigo», me dijo. Me sorprendió su petición y me quedé sin respiración. Creo que en un momento en el que había perdido algo tan importante, Miguel me necesitaba a su lado. Le comprendía porque sabía que estaba viviendo una situación muy difícil. Hubiera deseado estar las veinticuatro horas del día con él para apoyarle en lugar de hacerlo a través de llamadas y encuentros a escondidas, pero no podía. Todavía no. Tuve que confesarle que aún no estaba preparada para irme de mi casa.

Miguel hijo y Laura, su hermana, se presentaron en el Ministerio para hablar con su padre y pedirle que volviera con ellos, a lo que Miguel accedió. Me llamó para comunicarme su decisión, que yo acepté porque pensé que era lo que quería y debía hacer. Dos días después, Miguel abandonó de nuevo el hogar familiar y se fue a vivir a un piso que había alquilado en la calle Miguel Ángel. Ese día me llamó para decirme que no podía vivir sin mí y al escucharle me derrumbé. No supe si llorar de felicidad o de dolor. Llevaba días luchando con la razón, las consecuencias, la exposición mediática, los sentimientos de Carlos y los míos…, pero para entonces lo tenía claro: yo tampoco podía vivir sin él.

La revista *Interviú* en su número 478, con fecha 10 de julio de 1986, sacó una portada con el siguiente titular: «Boyer: bronca con Guerra y amor por la Preysler». Me armé de valor y llamé a Carlos, que estaba en el campo. Quería que supiera por mí lo de la publicación. Cuando regresó a Madrid y lo leyó ya no hubo vuelta atrás. Nos separamos. Fernando Bernáldez, mi abogado de entonces, hizo unas declaraciones en las que, para protegerme, atacaba algo a Carlos. Fue un error. No debió haberlo hecho, no midió los tiempos y precipitó las cosas. Finalmente, firmamos nuestra separación de mutuo acuerdo ante el notario Manuel Ramos Armero. No nos hicieron falta abogados. Decidimos que no me pasaría ninguna pensión por Tamara y que podría verla siempre que quisiera. La felicidad de nuestra hija era lo único que de verdad nos importaba a los dos.

Recuerdo con auténtico pavor aquella temporada. Me entró un complejo horrible de culpabilidad, los *paparazzi* me perseguían allá donde iba y hasta revolvían en mi basura para encontrar no sé qué cosas. Fueron tiempos horribles y muy tristes. Me preocupaban muchísimo mis hijos, que precisamente esos días habían llegado de Estados Unidos para pasar conmigo las vacaciones de verano. Siempre había tratado de protegerlos y, sin embargo, ahora quedaban totalmente expuestos a los juicios y a los comentarios. En la puerta de nuestra casa de Arga se congregaban decenas de fotógrafos y periodistas, el revuelo era tremendo y ellos estaban encerrados, sin poder salir. ¡Cómo me dolía todo aquello!... Si algo he querido en la vida ha sido evitarles a mis hijos cosas desagradables. Aunque me daba mucha pena separarme de ellos en ese momento, porque los necesitaba a mi lado, y quería ser yo quien los tranquilizara y protegiera, entendí que era mejor para ellos alejarles del foco mediático. Mi amiga Martha Oswald se llevó a su casa a Julio y a un amigo que se había traído de Miami. Margarita Vega-Penichet hizo lo mismo con Enrique. Y Chábeli se fue con mi madre a Manila, aunque antes viajaron a Roma para visitar al papa Juan Pablo II con tía Lily —muy enferma ya de cáncer de pulmón— y tía Mercy.

Al igual que había hecho Julio en su momento, fue Carlos quien llamó a mi madre para darle la noticia de nuestro divorcio. Ella tomó un vuelo a Madrid inmediatamente. Estaba horrorizada y no paraba de decirme: «¡Qué despropósito... y con un comunista!». Yo trataba de explicarle que no, que Miguel no era comunista sino socialista, mi madre me decía que para ella era lo mismo.

De aquel periodo de clandestinidad y cambios, de ilusiones y decisiones, de amor y de dolor, de culpabilidad, de explicaciones —a mi marido, a mis hijos, a mi familia—, lo que más me duele no es mi propio dolor. Me duele la inquietud que sentían mis hijos, la soledad de Miguel en el tiempo que tardé en poder tomar la decisión, pero me duele sobre todo el dolor de Carlos. Dejarle de esa forma tan escandalosa fue horrible, y aún hoy sigo lamentando que fuera así. Quizá antes o después nuestra ruptura hubiera podido ser más discreta, pero cuando ocurrió los tres éramos ya personas muy conocidas y la información sobre nuestras vidas se magnificó. Desde la perspectiva que da el tiempo solo puedo asegurar que, aunque hubiera conocido el futuro, habría tomado la misma decisión, porque yo no concebía ya mi vida sin Miguel.

Carlos se comportó en aquellas circunstancias como lo que siempre fue: un gran señor.

13
Maldito cáncer, maldito ictus

Miguel tuvo el honor de presidir la 38ª Asamblea del Fondo Monetario Internacional, en Estados Unidos, en la que Ronald Reagan ejerció de anfitrión, ante más de 2.000 banqueros de todo el mundo. Televisión Española envió un equipo al frente del cual estaba el periodista Pedro Erquicia para cubrir el acto. Le hizo una entrevista a Miguel que en España nunca se vio. A su equipo del ministerio le sorprendió mucho que un hecho tan relevante para nuestro país no se emitiese, pero les dijeron que había fallado el satélite, excusa que no les convenció. Sin embargo, *El País* sí llevó a portada la información. En aquella época, los guerristas ante cualquier logro importante de Miguel desviaban la atención hacia lo personal y utilizaban nuestra relación para frivolizar sobre ella y desprestigiarle políticamente porque el tema tenía mucho morbo: una mujer de derechas y habitual de las revistas del corazón, con un amante socialista. Aunque según compañeros de Miguel y expertos en economía, su labor quedó intacta y fue fundamental para el desarrollo en años venideros.

Tras retirarse de la política, los dos aspirábamos a vivir nuestra relación de la manera más discreta posible, pero las circunstancias que nos rodeaban provocaron que, más veces de las deseadas, nos fuera imposible permanecer alejados del centro de la noticia. En los años ochenta, surgió en Madrid un grupo de empresarios, banqueros y políticos a los que se bautizó como la *beautiful people.* Destacaban, entre ellos, Mariano Rubio, Manolo de la Concha, Carlos Solchaga, Juan Antonio García Díez, Juan Antonio Ruiz de Alda —subgobernador del Banco de España—, Claudio Boada y José María Amusátegui. Me hice amiga de sus mujeres y Miguel y yo solíamos ir a cenar a restaurantes con ellos, pero sobre todo nos reuníamos en casas. Ciertos miembros de aquel grupo protagonizaron algunos de los escándalos económicos de más repercusión de aquella época. Mariano Rubio, gobernador del Banco de España, y Manolo de la Concha, Síndico de la Bolsa de Madrid y presidente de Ibercorp, acabaron en la cárcel tras cometer una serie de ilegalidades.

A Miguel y a mí nos perjudicó mucho la causa Ibercorp. Manolo de la Concha y su mujer, Paloma

Altolaguirre, vivían al final de la calle Arga, muy cerca de nosotros. Teníamos mucho trato, nos veíamos continuamente y solíamos jugar en su pista de pádel. Hasta fuimos de viaje a Egipto juntos. Un día, Manolo nos comentó a Miguel y a mí que existía la posibilidad de participar en una muy buena inversión y nos preguntó si nos interesaba. Al principio, le dijimos que no, pero al final le entregamos cada uno cinco millones de pesetas que teníamos ahorrados y que entonces era una cantidad considerable de dinero. Con la inversión, ganamos cinco millones más. Sin embargo, después nos enteramos de que para hacer la operación utilizaron nuestros segundos apellidos sin consultarnos. Miguel era Miguel Salvador y yo, Isabel Arrastia. No lo supimos hasta que estalló el escándalo. Como no teníamos nada que esconder, Miguel le pidió explicaciones a Manolo, quien justificó el asunto diciendo que lo habían hecho para que todo fuera lo más discreto posible, pero Miguel le respondió que, de habérselo consultado, nunca habría autorizado ese cambio. Durante el proceso, nosotros fuimos requeridos para declarar como imputados. Contratamos para nuestra defensa a Luis Rodríguez Ramos, un abogado penalista de gran prestigio. Fueron días muy difíciles, muy complicados y de mucha exposición pública. La noche antes de ir a declarar envejecí cinco años, porque jamás me había visto en una circunstancia parecida y estaba muy triste, preocupada y nerviosa.

Nunca olvidaré que, cuando llegamos al juzgado, nos encontramos en la puerta a dos de los «enemigos» de Miguel, Ruiz-Mateos y Rodríguez Menéndez. Para nosotros fue terrible: por culpa de esos cinco millones de pesetas, aparecimos muchos días en la portada de los periódicos. José María Carrascal hablaba todas las noches de mí en las noticias de Antena 3. Aún recuerdo algunas de sus burlas: «Preysler y Posadas van mañana a declarar, ¿se habrán preguntado si se van a poner de Chanel o de Dior?». A Manolo lo volvimos a ver cuando salió de la cárcel. Cenamos una noche con él y su segunda mujer, María Isabel Falabella. Recuerdo que me impresionó muchísimo la tremenda factura que le habían pasado sus años en prisión. Tardamos tiempo en reponernos de aquella experiencia desagradable de nuestra declaración ante la juez de instrucción n.º 21 de Madrid, María Paz Redondo. Miguel y yo salimos indemnes de aquel escándalo, aunque aquella imputación nos hizo mucho daño a nivel anímico y de imagen.

* * *

El sábado 2 de enero de 1988, a las nueve de la mañana, Miguel y yo nos casamos en los juzgados de la calle Pradillo en Madrid. La noche anterior no pude dormir y no hacía más que dar vueltas en la cama. Me sentía tan inquieta que hasta desperté a Miguel.

Él estaba muy tranquilo. Me miró sonriente y me preguntó: «¿Por qué te pones tan nerviosa?». No supe responderle. Me levanté a las seis de la mañana. Éramos los primeros en el juzgado y no quería llegar ni un minuto tarde. Hacía un frío espantoso. El padrino fue José María Amusátegui, amigo íntimo de Miguel, y la madrina, que nos regaló los anillos, mi querida amiga Margarita Vega-Penichet. Para mi boda, elegí un conjunto de alta costura de la boutique *Dafnis* de chaqueta y falda con vuelo, y con puños y cuello de visón de Elena Benarroch. Miguel se puso al volante de mi coche, un Mercedes que me acababa de comprar. Cuando regresábamos del juzgado, lo arañó entero en la entrada del garaje de Arga...Yo siempre decía en tono de broma que menudo regalo de bodas me había hecho. Una vez en casa, les dimos la noticia a los niños: fue una sorpresa para todos. Mis hijos mayores estaban en Madrid para pasar la Navidad. Esa noche lo celebramos de la mejor manera posible: cenando todos juntos y mis hijos compraron una tarta coronada con dos muñecos de tela vestidos de novios, que todavía conservo.

Durante nuestro primer año de casados, me quedé embarazada. Cuando se lo comuniqué a Miguel, se puso feliz y me aseguró que la noticia era el mejor regalo que podía haberle hecho. El 18 de abril de 1989 nació Ana en el Ruber Internacional, la clínica donde atendía mi ginecólogo, el doctor Eduardo García del Real. A los hijos de Miguel los vi por primera vez ese día, porque él los llevó para que conociesen a su hermana. Poco después de dar a luz, tuve una de mis habituales migrañas, esta vez provocada, según el doctor Bau, por la epidural. El tratamiento analgésico que me administraban por vía no conseguía aliviarme el dolor, hasta el punto de que me tuvieron que realizar un parche hemático epidural, lo que me quitó inmediatamente la migraña. En esas circunstancias, hasta que dieron con la solución, la única forma de controlar el dolor era permanecer tumbada y en penumbra y la fama volvió a jugar en mi contra. Una de las chicas de la limpieza de la clínica descorrió las cortinas de la habitación mientras limpiaba, y bastaron unos segundos para que un fotógrafo lograra captar una imagen mía en la cama con gesto de dolor, foto que al día siguiente se publicó en *El País.*

El nacimiento de Ana trajo muchísima felicidad a nuestra familia. Desde el primer día, fue una niña buenísima y muy espabilada. A los tres años, ya hablaba perfectamente inglés, porque había tenido una niñera inglesa desde su nacimiento. La matriculamos en el Colegio Británico con esa edad, aunque yo no quería mandarla tan pronto. Tener un bebé en casa siempre es una alegría y me daba pena verla tan pequeñita en el colegio. Le comenté al director que, como ya hablaba muy bien inglés, no sería necesario que fuese todo el curso, mientras el resto de niños aprendían lo que ella ya sabía. Me advirtió que podía perder su plaza, y decidimos mandarla solo hasta el mediodía. De esta manera, pude disfrutar un poco más de mi hija.

Miguel tenía debilidad por ella. Ana nunca nos dio ningún problema, siempre fue muy obediente y cumplía con todas las normas, aunque desde pequeña tuvo un carácter muy fuerte. Todos sus hermanos eran muy simpáticos y cariñosos, pero a veces ella era un poco gruñona. Por eso, un día le dije: «Mira, Ana, lo siento muchísimo, pero no quiero ver ni una cara larga más. Tú tienes que ser igual de simpática que tus hermanos mayores». De inmediato, ella me contestó compungida: «¿Qué quieres que haga, mami? Si tengo herencia». Ante esta ocurrencia, Miguel entre risas dijo: «Claro, siempre es mi culpa». Hoy puedo decir, que además del carácter, heredó de su padre la inteligencia, su enorme facilidad para las matemáticas y su capacidad de trabajo. En una ocasión, pasó un mes en casa con neumonía. Le mandaban los deberes del colegio y la *nanny* le decía: «Ana, no hagas todos los deberes a la vez, guárdate algunos para divertirte». Las matemáticas era uno de sus mejores pasatiempos. Miguel y Ana se entendían a las mil maravillas y mantenían juntos largas conversaciones en las que le enseñaba no solo Matemáticas, sino también Física y Filosofía.

Ana sentía y siente adoración por su hermana Tamara. Cuando nos mudamos a Puerta de Hierro y como tenían la misma *nanny* y el mismo cuarto de estar y de jugar, decidí que compartieran habitación. Estaban felices las dos juntas. Ana quería ser tan graciosa y divertida como ella. «Mami, ¿tú crees que algún día seré igual de simpática que Tamara?», me preguntaba.

Miguel y yo hicimos muchos viajes con ellas dos mientras mis otros tres hijos estaban en Estados Unidos. De hecho, uno de los mayores sustos que he pasado en mi vida sucedió en Bora Bora. El último día de vacaciones, después de cenar juntos, nos fuimos cada uno a nuestras respectivas habitaciones para hacer las maletas. A los pocos minutos, Ana me llamó para decirme que no se encontraba bien y que le dolía mucho el estómago. Le dije que se tumbara en la cama y le llevé a su *bungalow* un paracetamol de los que nos habíamos llevado para el viaje. Esperamos una media hora, pero como no se le pasaban los dolores y le subía la fiebre, avisamos al director del hotel y este se presentó con un médico que, tras examinar a Ana, nos dijo que podía ser apendicitis y nos aconsejó acercarla cuanto antes al ambulatorio más próximo, al que varios empleados del hotel nos ayudaron a trasladarla con una sábana que hacía de camilla y en donde el doctor y dos enfermeras corroboraron el diagnóstico del médico del hotel: era apendicitis y no había más remedio que ir al hospital de Raiatea, una isla vecina, porque asombrosamente no había hospital en Bora Bora. Llovía a mares, pero por tratarse de una emergencia y a pesar de la tormenta, nos permitieron despegar. Aquel vuelo en el que solo fuimos Ana y yo, porque el helicóptero era muy pequeño, fue terrorífico; lo soportamos como pudimos con la pobre sintiéndose muy mal, agarrada a mi brazo, y yo abrazándola, mientras intentábamos atravesar aquel infierno de rayos y truenos del que parecía que no íbamos a salir vivos. Pocas veces en mi vida he sentido tanto miedo como aquella noche. Afortunadamente, logramos aterrizar en Raiatea, en cuyo hospital nos estaba esperando un joven médico español, muy amable y atento, que nos explicó que era traumatólogo y que, aunque podía llevar a cabo la operación, jamás había extirpado un apéndice y prefería que continuáramos viaje a Tahití. Le puso suero y medicación para que no derivara en peritonitis y llamamos a un avión medicalizado para trasladarnos al hospital de Tahití. Miguel y Tamara ya se habían unido a nosotras en Raiatea después de otro viaje espantoso en helicóptero y decidimos que Tamara y yo regresaríamos a Bora Bora para recoger nuestras maletas y que Miguel volaría a Tahití con Ana, para reunirnos allí los cuatro. Acabó operándola un médico francés al que le pedí que procurara que la incisión fuera lo más pequeña posible, porque era una niña que algún día querría ponerse bikini. Aunque la intervención salió fenomenal y a los dos días le dieron el alta, el doctor no me hizo mucho caso, y Ana conserva una cicatriz grande como recuerdo de aquella aventura.

Ana y Tamara se llevan siete años, se entienden a la perfección y están muy unidas, aunque son muy distintas. Por ejemplo, Tamara es muy generosa y desprendida con el dinero y Ana, en cambio, es muy mirada para el tema económico. Cuando viajaban les dábamos dinero a las dos: Ana siempre devolvía la cantidad casi íntegra mientras que Tamara no solo se gastaba todo, sino que a veces regresaba endeudada.

Me duele recordar que Miguel no pudiera asistir a la graduación de Ana, porque se celebró en mayo de 2012 y él había sufrido el ictus en febrero de ese mismo año. Ana estudió E3, Derecho y Económicas a la vez, en ICADE. Siempre fue una gran alumna. Cuando finalizó sus estudios universitarios, organizó para su promoción —catorce compañeros brillantes que hoy ocupan puestos muy relevantes y con quienes conserva una gran amistad— un viaje de fin de curso a Filipinas, con la ayuda de Bea Zóbel, que los invitó a su maravillosa casa de Mindoro, hasta donde se trasladaron en helicóptero para pasar un fin de semana inolvidable. Ana preparó unos cuadernos de viaje en los que explicaba detenidamente a sus compañeros cuál sería el itinerario y las actividades diarias. La experiencia fue tan inolvidable que aún se siguen llamando El Grupo de Filipinas de ICADE.

En cuestión de amores, Ana ha tenido pocas relaciones. Diego Osorio fue su primer novio oficial y duró algo más de tres años. Después llegó el que acabaría convirtiéndose en su marido: Fernando Verdasco, a quien vio por primera vez en el camerino de su hermano Enrique, durante un concierto que dio en Madrid. En ese momento, Ana trabajaba en una empresa de banca privada de la que llegaba a casa a las tres de la madrugada y se levantaba a las siete y media de la mañana, porque desde primera hora tenía que reunirse con su jefe. El nivel de exigencia era tan alto y la carga de trabajo tan elevada, que estaba siempre pálida y se le comenzó a caer el pelo por el estrés. Cuando su relación con Fernando se consolidó, Ana tuvo que decidir entre seguir con él y apoyarle como pareja de un tenista profesional, acompañándolo en sus innumerables viajes, o terminar la relación y volcarse en su trabajo. Ganó el corazón y optó por Fernando. Cuando tomó esa difícil decisión, empecé a ver a mi hija de nuevo sonriente, tranquila, contenta y de buen humor y supe que había escogido el camino correcto, porque lo que una madre desea es ver a su hija feliz, por encima de cualquier éxito laboral. Se fueron a vivir juntos y lo aplaudí ya que creo que una pareja debe conocerse de verdad, en el día a día, y enfrentarse juntos a las pequeñas dificultades cotidianas, antes de dar el gran paso del matrimonio. No obstante, ella tenía muy claro que se casaría antes de ser madre. Se casaron el 7 de diciembre de 2017, en una boda íntima en Mustique, isla por la que mis hijas tienen debilidad.

Los dos han formado una familia maravillosa y no se separan ni un minuto. Ana es la madre perfecta de mis tres nietos: Miguel, al que cariñosamente llamamos Mikey, Mateo y Martín. Ana tiene toda la paciencia del mundo y juega mucho con ellos. Por otro lado, no fue en vano todo el tiempo que invirtió en sus estudios. Su formación académica la ha convertido en uno de los pilares de su familia, ya que desde hace tiempo, es la mánager y la que gestiona la agenda de su marido. Aun así, Ana será siempre mi bebé, aunque ver las responsabilidades que ha asumido me llena de orgullo y de ternura al mismo tiempo. Ha heredado la inteligencia, la integridad y la solidez de su padre; siempre tengo muy en cuenta su opinión cuando se la pido porque razona muy bien. Ana tiene lo mejor de nosotros dos, es muy disciplinada, exigente y nada conformista.

El participar en nuestras entrevistas o reportajes publicitarios nunca le ha causado ningún problema. Al haber nacido en una familia que aparecía en prensa y anuncios está acostumbrada a las cámaras desde pequeña, está muy segura de sí misma y cuando le ofrecen proyectos decide qué es lo que quiere hacer y qué no, sin sentirse agobiada.

Tengo la suerte de contar con un yerno encantador. Quiero mucho a los padres de Fernando a los que veo a menudo sobre todo cuando vienen a casa a ver a nuestros nietos. Son adorables, muy buena gente: forman parte de esas pocas personas que permanecen a tu lado en los buenos y en los malos momentos. Desafortunadamente, no puedo pasar con Ana, Fernando y los niños tanto tiempo como me gustaría. En la actualidad, residen en Doha, aunque cuando vienen a España viven en casa conmigo y me hacen inmensamente feliz. Ahora que mis nietos comienzan el colegio en Catar, me preocupa verlos aún menos, pero Ana me tranquiliza diciéndome que de vez en cuando vendrán de visita, porque a esas edades no pasa absolutamente nada si faltan algunos días, y yo viajaré con frecuencia a verlos. Adoro convivir con mis nietos, puedo pasar horas jugando con ellos. A veces, echo de menos a Miguel y me siento triste al pensar que no tuvo la oportunidad de disfrutarlos y que los niños no llegaron a conocer a su abuelo materno, de quien habrían aprendido infinidad de cosas.

* * *

Miguel y yo éramos totalmente diferentes, pero compartíamos muchas aficiones: preferíamos ver una película en casa a ir al cine; recibir en casa, antes que quedar en un restaurante; o ir a las islas griegas, donde podíamos combinar cultura con playa... Durante los veintiséis años de casados, hicimos muchos viajes juntos. Si tuviese que escoger un destino inolvidable elegiría Egipto. Viajamos varias veces a ese país con mis hijas Chábeli, Tamara y Ana. Miguel era un egiptólogo excepcional y viajar con él por el Medio Oriente resultaba un auténtico lujo. Preparaba cada viaje meticulosamente para que apreciáramos la espectacularidad de la cultura y el arte egipcios. Proponía originales planes —como navegar por el Nilo en sentido contrario al que suelen hacer la mayoría de los turistas, que van de Luxor a Asuan— y nos deslumbraba con sus extraordinarios conocimientos de lugares emblemáticos como las pirámides de Keops, Kefrén, Micerino y la monumental Esfinge. Lograba dejarnos sin palabras y sus explicaciones detalladas nos transportaban al corazón de esa fascinante cultura milenaria. Pero no solo sucedía en Egipto, sino en todos los países a los que íbamos; Túnez, Marruecos, Argelia, Japón, China, México, Turquía, Jordania y Filipinas, entre otros.

Nos quisimos y nos respetamos desde el principio, aunque enseguida supe que a Miguel no le gustaba salir en los medios de sociedad, y solo aparecía en ellos si nos captaban accidentalmente en aeropuertos, restaurantes, acontecimientos sociales o en vacaciones. No me acompañaba a mis reportajes ni a mis compromisos con Porcelanosa, porque no pertenecía a ese mundo ni tenía ningún interés en introducirse en él. Miguel sabía que ese era mi trabajo y siempre me apoyó. Solo en una ocasión accedió a posar conmigo, cuando cumplimos veinte años de casados e hice un reportaje para ¡*HOLA*! Habíamos ido en Semana Santa a Miami y, después, volamos en el avión de Enrique para pasar una semana en el Caribe, en las islas Turcas y Caicos. En ese entorno paradisíaco, hice un posado con las niñas. Cuando me estaban haciendo las fotos, le comenté a Miguel que me resultaba un poco raro hablar de nuestro vigésimo aniversario y que él no apareciera ni en una foto. Me dio la razón y, por primera vez, posó en dos: una conmigo, que fue la portada, y otra con las niñas. Días después, ya en Madrid, vino Tico Medina a casa para realizar la entrevista. Coincidió con Miguel, que llegaba en ese momento del trabajo, y pronunció una frase preciosa que se publicó en el reportaje: «Siento que la vida sea tan corta, porque hubiera querido que los dioses —vamos, la Naturaleza— me dieran otros cincuenta años para disfrutarlos con ella». Tico le pidió permiso a Miguel para reproducirla y él se lo dio.

Si hago balance de mi matrimonio, Miguel y yo logramos ser muy felices, aunque no todo fue un camino de rosas. Como pareja, nos enfrentamos con un problema serio: sus celos. Tenía la ridícula obsesión de pensar y creer que todo el mundo se enamoraba de mí. Cuando estábamos los dos solos, podíamos pasar días sin discutir y muy en paz. El problema venía cuando nos relacionábamos con más gente. Con los años, los celos se acrecentaron. En una ocasión, le rogué que acudiera al psiquiatra para solucionarlo. «Miguel —le dije muy seriamente—, si no acudes a la consulta, no puedo seguir así, y tendremos que tomar una decisión, porque nuestro matrimonio no funcionará». Él no creía en ese tipo de terapias, pero consintió que le pidiera hora. Asistió solo a una sesión. El psiquiatra me comentó que Miguel le había dicho que nuestro matrimonio marchaba muy bien y que yo comprendía perfectamente sus celos; que le constaba que yo jamás me había pasado de la raya, pero que él no podía remediarlos; terminó subrayando que, afortunadamente, siempre acabábamos solucionando nuestros problemas. Lo que Miguel no le contó, porque no lo sabía, es que yo muchas veces tenía que llamar a nuestros amigos, con los que habíamos salido a cenar o a una fiesta, para pedirles perdón por las escenas que me montaba.

La gota que colmó el vaso se produjo durante un viaje a Capri, en julio de 2011, a bordo del barco de nuestros queridos Amalia y Pepe Amusátegui, con Marisa y Alfonso de Borbón, Ana Cristina y Carlo Nasi y Manolo Guasch, todos íntimos amigos nuestros. Durante esos días, a Miguel le dio un ataque de los suyos y yo no sabía dónde meterme. Ocurrió en casa de Fiona Swarovski, quien nos había invitado a una cena, exquisitamente organizada en dos mesas de diez personas cada una. A mí me sentaron al lado del marido de Fiona, Karl Heinz Grasser, ministro austríaco de Finanzas. Al otro lado, tenía a Carlo Nasi. Al principio, estuve conversando con Karl, pero como Carlo conocía muy bien a Miguel empezó a charlar conmigo, para que yo dejara de hablar con Karl. Me di cuenta de lo que estaba haciendo y me entró la risa. Miguel estaba en otra mesa sentado frente a mí, vigilándome muy serio, porque no podía soportar que yo me riera con alguien que no fuera él. Al terminar la cena, regresamos al barco y propusieron que nos tomáramos unas copas. Surgió el tema del fascinante Egipto y Carlo Nasi, cuya familia es de Turín, mencionó que allí había uno de los museos de arte egipcio más importantes del mundo. Muy seco, Miguel le respondió: «¡Qué sabrás tú!» y comenzó la discusión entre ambos. Me levanté y mostré mi apoyo a Carlo. Miguel me recriminó que nunca le daba la razón y yo le pedí que, por favor, se bajara al camarote. Así se acabó la pelea. Carlo se quejó diciendo que él había actuado con las mejores intenciones conociendo las reacciones de Miguel, y que al final la pagó con él. Después de aquel desencuentro, nos quedamos solo las señoras. A Ana Cristina, la mujer de Carlo, le hablé con toda franqueza: «Lo tenemos que arreglar, pero si no lo conseguimos, no permitiremos que esto arruine la amistad tan estupenda que tenemos tú y yo. A mí no me compensa perder una amiga tan querida como tú por lo que ha ocurrido». Me entendió y las dos estuvimos de acuerdo en hallar el modo de limar asperezas entre nuestros maridos. Aquella noche, hablé muy seriamente con Miguel, porque consideré imperdonable la forma en la que se había comportado. Le pedí que lo arreglase y le advertí que algo así no se lo iba a perdonar. No hizo nada hasta que llegamos al aeropuerto para embarcar en nuestros vuelos: ellos a Italia y nosotros a España. Antes de separarnos, Miguel se acercó a Carlo, se disculpó y se dieron un apretón de manos. Un mes después, llamé a Carlo porque le iban a operar de una fractura en la pierna y Miguel me pidió el teléfono para hablar con él, y le preguntó con cariño cómo se encontraba. Ese gesto me causó una gran alegría.

Nunca estuve tan cerca de separarme de Miguel como tras aquel incidente, que tampoco fue el único ya que hubo algunos más. Sentía que no lograba controlar sus celos y que la cosa iba de mal en peor. Si me ablandé fue porque recondujo la situación con Carlo, pero sobre todo, por cómo se comportó conmigo y con mi familia en uno de los momentos más duros de mi vida.

Ese agosto de 2011, salimos de viaje a la Costa Azul en un barco que alquilamos con las niñas, dos amigas íntimas suyas, y Tomasso Musini, entonces novio de Tamara. Estábamos atracados en Saint-Tropez cuando recibí una llamada de mi hermana Beatriz. La noticia no podía ser más desgarradora: durante una revisión médica le habían detectado un tumor en el pulmón. Me dijo que creía que era muy grave y me pidió que me comunicara con el médico. Después de hablar con el doctor, me quedé tan preocupada que suspendimos nuestras vacaciones y regresamos a Madrid de inmediato. A mi llegada, le hicieron varias pruebas y corroboraron el diagnóstico previo: se trataba de un tumor maligno y muy agresivo. No había nada que hacer, solo se le podía dar quimioterapia para brindarle algo más de calidad de vida, tal y como nos aconsejó tanto su oncólogo, Antonio Calles, como Hernán Cortés, al que le pedí una segunda opinión. No podía asumir que Beatriz me iba a dejar en poco tiempo. La certeza de que estaba muy enferma me dolía en el alma. Quince años antes, un cáncer de útero ya había golpeado a mi hermana, pero consiguió superarlo, tras un tratamiento en Houston. Si algo tenía Beatriz era un gran sentido del humor y eso le ayudó a afrontar su enfermedad como lo hizo. Me pidió que asumiera las riendas de todo, e incluso me obligó a que fuera yo quien le contara a nuestra madre la terrible noticia: «Isabel, la que se va a morir soy yo, pero tú tienes que ser quien se lo cuente a mami porque yo no estoy para aguantar llantos y sofocones». Se sabía muy enferma, pero aun así albergaba una ilusión: llegar a Navidad. La llevé a hacerse mechas con Peque, mi peluquera. «Las mechas… ¿durarán hasta la Navidad?», le preguntó. Inmediatamente, se volvió a mí y me dijo: «Porque yo voy a durar hasta Navidad, ¿verdad, Isabel?». Intentando que no me notara el nudo que se me hizo en la garganta, respondí con la seguridad con la que se hace una promesa: «Claro que sí, Beatriz». «¡Entonces me las hago!». Pienso en aquella conversación y aún se me saltan las lágrimas. En ese momento estábamos en septiembre y a mi hermana le parecía que quedaba mucho tiempo para Navidad...

A mi madre, a Beba, como la llamaban cariñosamente sus nietos, se lo dijimos, según acordamos todos, por la noche, una vez que se hubiera tomado el Orfidal para dormir. Entramos en su habitación, Miguel, Tamara, Ana y yo y le comunicamos la triste noticia, aunque no quisimos revelarle toda la verdad sobre la gravedad de la enfermedad. Nunca sabré si fue por el efecto relajante de la pastilla, o porque cuando vas cumpliendo años te enfrentas a las situaciones adversas de forma diferente, pero se lo tomó, según mis hijas, mejor que yo.

Beatriz empeoró muy rápidamente. El deterioro de su salud se notaba día a día. No tardó en perder la visión de un ojo, porque el cáncer le había llegado al cerebro. Un miércoles se puso muy enferma y la ingresamos en el hospital HM de La Moraleja, donde Juan Abarca y todo su equipo la estaban tratando de maravilla. Pero el jueves empeoró y el viernes los médicos me aconsejaron sedarla para que no sufriese. Todos pudimos estar a su lado: sus hijos Álvaro y Diego, que no se separaron de ella en ningún momento; mi hermana Victoria, que había llegado de Filipinas; mis hijos Julio, Tamara y Ana; mi marido Miguel y Juanqui San Román, un amigo íntimo de Beatriz. En un principio, me negué a la sedación, porque sentía que incumplía la promesa que le había hecho de que la llevaría de vuelta a su casa ese fin de semana. Pero nos reunimos la familia con los médicos y decidimos que era lo mejor para ella.

El cáncer de Beatriz había avanzado muy rápido. Me llamó el 15 de agosto, cuando estábamos en la Costa Azul, y murió en Madrid el 1 de octubre. Su marcha nos afectó mucho. Hubo un momento en el que pensé que no iba a poder soportar su ausencia, porque es terrible ver morir antes que tú a tu hermana pequeña, a la que además estás muy unida. Tenía 54 años, era muy joven para morir, y aún le quedaban muchas cosas por vivir junto a sus dos hijos. Un día después de su muerte, antes del Telediario de La 1 de TVE, hablaron de mi hermana Beatriz en el programa *Corazón*. Emitieron una serie de imágenes familiares, y ante ellas Miguel —que acababa de llegar de la oficina—, se rompió y empezó a llorar. Me levanté y lo abracé. Estuvimos así mucho rato. Se portó tan bien durante la enfermedad de mi hermana, permaneciendo junto a ella hasta el final, demostrándole su cariño, que lo demás ya no me importaba. Olvidé los celos y me reafirmé veintitrés años después: él era el hombre de mi vida.

A partir de ese momento supe apreciar aún más todo lo positivo que tenía nuestro matrimonio. Todo empezaba a ir mucho mejor, hasta que irrumpió otra fecha fatídica: el lunes 27 de febrero de 2012, día en el que Miguel sufrió un ictus en casa y nuestras vidas se transformaron dramáticamente.

Aquella noche, habíamos cenado Ana, Miguel y yo. Fue una cena animada, en la que les conté la gala de los Oscar, que me había quedado viendo hasta las cinco de la madrugada. Después del postre, nos dimos las buenas noches. Ana se fue a su habitación y yo a mi cuarto de baño con la intención de lavarme el pelo. Dejé a Miguel ordenando unos libros en las estanterías de la galería superior de la casa. De repente, oí un sonido extraño. Abrí la puerta que conecta mi cuarto de baño con la galería y vi a Miguel en el suelo. «Miguel, ¿qué te ha pasado? —le pregunté muy alarmada—. Espérate —le supliqué ante los esfuerzos de él por incorporarse—, no intentes levantarte». Avisé corriendo al servicio, porque yo sola no podía ayudarle. Cogí el teléfono y llamé a la doctora Marina de la Fuente, directora médica del Ruber de Juan Bravo, gran amiga de la familia y que para nosotros es como nuestro ángel de la guarda. Me indicó que le metiese en el coche y que le llevase inmediatamente a la clínica. Miguel no podía hablar bien, intentaba levantarse y se resbalaba. La volví a llamar y le dije que me temía que estuviera pasando algo muy grave, aunque en ningún momento se me ocurrió que pudiera ser un ictus. Tras mi llamada, mandó una ambulancia con un médico. En cuanto vio a Miguel le diagnosticó un ictus. Desperté a Ana y se lo expliqué. No se lo podía creer, porque durante la cena, su padre había estado muy animado y en perfecto estado de salud. Al salir de casa para seguir a la ambulancia porque no había suficiente espacio en ella para nosotras dos, Ana y yo vimos en el suelo un libro y las gafas de Miguel. Se le debieron caer cuando intentaba colocarlo en la estantería. Esa escena nos llenó de angustia y de incertidumbre.

Ana conducía y cuando llegamos a la clínica ya estaba esperándonos el doctor Pedro Mata, jefe de Neurocirugía del Ruber de Juan Bravo, hacia quien no tengo palabras suficientes para agradecerle su profesionalidad y su cariño. Miguel estaba consciente e intentamos tranquilizarle diciéndole que no nos íbamos a mover de su lado. Después de muchas pruebas, el doctor Mata determinó que no era un ictus isquémico sino hemorrágico, mucho más grave. Nos explicó que la situación era muy seria y que podría tener secuelas. Fue trágico escuchar aquello. Ana y yo, en ese momento, rompimos a llorar. Ya por la mañana, con Miguel en la UCI, nos pidieron que nos fuésemos tranquilas a casa y nos aseguraron que nos irían avisando de su evolución. Nada más llegar a Miraflores, mientras me estaba duchando, me llamaron para informarme de que Miguel volvía a sangrar. Necesitaban mi consentimiento para operarle. «Por supuesto —les dije—, voy enseguida para allá a firmarlo, pero vayan empezando si es necesario». Fuimos lo más rápido que pudimos, esta vez nos acompañó también Tamara, que acababa de llegar a casa. Cuando terminó la intervención, nos aseguraron que había salido muy bien, pero que teníamos que esperar a ver si la hemorragia se había detenido antes de que le hubiera afectado alguna zona vital del cerebro. No puedo describir con palabras la angustia que sentimos. El miedo se mezclaba con la esperanza de que se repondría; la incertidumbre se multiplicaba con el paso de las horas, de los días.

Miguel pasó dos meses en la UCI.

* * *

Aunque me hizo sufrir con sus celos, nos queríamos por encima de todo y, al final, eso para mí era lo más importante. Al principio, mientras estaba en la clínica, me refugiaba en la idea de que todo se iba a arreglar y de que él iba a volver a ser el mismo, pero fue durísimo cuando volvió a casa y comprendí que, desde ese momento y en adelante, nuestras vidas serían otras muy diferentes. El día que llegamos a Puerta de Hierro nos sentamos en el cuarto de estar mientras terminaban de organizar su nueva habitación en la que habíamos colocado todo lo necesario para su comodidad y recuperación. Miguel me señaló los libros que estaban allí y me dijo: «Todo esto, para nada». A lo que yo respondí: «¿Cómo que no? Cada uno de estos libros, los has leído y disfrutado hasta ahora. Y quién te dice que no los vas a volver a disfrutar».

Había días que no me podía levantar de la cama, y aprovechaba los minutos en la ducha para llorar de rabia y de pena. Nuestro hogar se transformó en otra cosa: los que vivíamos en él perdimos nuestra privacidad, porque era como estar en una clínica. Lógicamente, todo giraba alrededor de Miguel. Me traje hasta las enfermeras de la UCI del Ruber el primer mes para que no le faltase nada. Los turnos del personal sanitario cambiaban cada ocho horas. Lo cuidé sin descanso durante dos años y ocho meses y nunca pensé que se fuera a morir tan pronto. Comenzó yendo por las mañanas al Centro Lester, dirigido por Cristina López, una magnífica profesional al frente de un gran equipo, pero en un momento dado para que Miguel estuviera más cómodo, los especialistas del centro comenzaron a venir a casa. Siguiendo las indicaciones de Cristina contraté un logopeda, una neuropsicóloga, terapeutas ocupacionales y fisioterapeutas para su rehabilitación. Sus neurólogos me habían dicho que los avances de los primeros seis meses eran determinantes. Me aferraba a la idea de que, con esfuerzo, lo conseguiríamos juntos. Le organizaron jornadas maratonianas, hasta que un día se declaró en huelga y decidimos dejarle descansar los domingos. Era muy doloroso contemplar en ese estado a un hombre tan brillante y tan inteligente como Miguel. Me llevó tiempo acostumbrarme y la angustia me cerraba el estómago. El médico y algún conocido nuestro que había sufrido un ictus me recomendaron que ingresara a Miguel en un centro especializado, pero yo no podía hacer eso. Me daba miedo que llegara a pensar que no queríamos ocuparnos de él, porque en un centro solo nos hubieran dejado verle un par de horas al día. En medio de la tragedia, daba gracias continuamente por tener la suerte de poder llenarle de atenciones, de profesionales y de cariño. No dejaba de pensar en los que, por falta de medios económicos, además de la tristeza y la angustia, tienen que hacerse cargo de sus enfermos personalmente y sin ayuda. Me volví a dar cuenta de lo privilegiada que era y seguí dando gracias por ello.

Miguel murió el día de su santo, el 29 de septiembre de 2014. La noche anterior le dije que Ana, Tamara y yo habíamos organizado un almuerzo para celebrarlo y que Ramona le iba a preparar su tarta favorita, la de moka. Esa noche vimos una película de las que a él le gustaban, cogidos de la mano como quería siempre. No coincidíamos en gustos cinematográficos, solo le apetecían los wésterns y las ambientadas en guerras. A las 9:30 de la mañana me despertaron y me informaron de que no estaba respirando bien. Fui a verlo. Llamé de inmediato a la doctora Marina de la Fuente, quien me recomendó que lo llevase urgentemente al Ruber de Juan Bravo. Tuve el presentimiento de que no había tiempo para llegar y, por eso, tomé la decisión de que le llevaran al Ruber Internacional de Mirasierra, ya que el chófer y yo habíamos calculado que tardaríamos siete minutos. Contacté con la doctora Mercedes Cuesta, directora médica de ese centro, una profesional siempre muy eficaz y cariñosa con todos nosotros. Le dije que iban a llevar a Miguel en el coche, y que yo les alcanzaría lo más rápido posible, porque estaba en camisón.

Cuando llegué, entré por urgencias y Mercedes Cuesta me recibió en un cuarto al lado de la UCI; y yo le pedí que me llevase donde habían instalado a Miguel porque sabía que para él iba a ser tranquilizador darse cuenta de que yo estaba a su lado. Fui hacia su cama y le susurré al oído que había llamado a las niñas y a sus hijos, y que estaban en camino. Me pareció que dormía y pensé que le habían sedado. El doctor se me acercó y me dijo que Miguel ya no podía escucharme, porque acababa de fallecer. «No puede ser —le dije—. Tenéis que hacer algo». Para mí, era imposible asumir que Miguel ya no estaba entre nosotros. Me explicaron que había muerto de una embolia pulmonar, contra lo que desafortunadamente no había nada que hacer. Entonces, me acordé de los últimos besos y caricias que le había dado hacía apenas un rato, cuando le acompañé al coche para que Rafael y un enfermero le acercaran a la clínica. Le aseguré que en unos minutos le alcanzaría y él asintió con la cabeza. Nunca hubiera imaginado que esa fuera nuestra despedida.

Volví a llamar a los hijos de Miguel y a mis hijas, que ya estaban en camino, para comunicarles que su padre había fallecido.

* * *

Al día siguiente de su entierro y estando aún muy conmocionada, Fernando Fernández Tapias se presentó en mi casa. Cuando Miguel estuvo enfermo él ya me había demostrado su amistad poniendo a mi disposición un avión por si decidía trasladarle a otro país. Aunque yo no quería recibir visitas, vino acompañado de un señor porque pensaba que me podía echar una mano respondiendo a los muchísimos pésames que había recibido y que iba a seguir recibiendo. Fernando fue de gran ayuda en un momento muy difícil. Tuvo un detalle único que siempre le agradecí y se lo he repetido muchas veces a su mujer Nuria González, muy amiga mía.

Miguel Boyer ha sido la historia de amor más importante de mi vida. Le amé profundamente, y aunque en alguna ocasión pensé en separarme, creo que no hubiera podido vivir sin él. Yo siempre he procurado proteger a las personas que me rodean y a las que quiero, siendo consciente de que, en mi caso, la popularidad es una dificultad añadida, que hace que los asuntos que debieran resolverse en la intimidad familiar algunas veces trasciendan a la opinión pública y sea doloroso ser objeto de críticas o juicios injustos y dañinos.

Mi relación con los hijos de Miguel durante nuestros veintiséis años juntos fue cordial, sobre todo con Miguel hijo. Pero ahora, a la vista de cómo se han desarrollado los acontecimientos, me doy cuenta de que ellos nunca superaron la separación de sus padres. Les ocurrió a una edad difícil y el hecho de que la cuestión se convirtiera en un tema tan mediático no facilitó las cosas. Por eso, aunque nunca hubo un problema importante entre los hijos de Miguel y yo, todo cambió tras la muerte de su padre. De repente, afloró un resentimiento y un rencor que todavía no soy capaz de entender. Tanto en el cementerio como en el funeral estuvimos unidos; sin embargo, de la noche a la mañana, la relación se hizo primero tensa y luego imposible. Los problemas comenzaron el día que Laura me pidió venir a casa, porque quería algunas cosas de su padre. Yo accedí a su petición sin dudarlo. Según mi abogado, en ese momento tenía que haberme negado y haberle explicado que eso solo lo podía hacer en su presencia y la del albacea, pero yo pensé que Laura quería algo personal de su padre y lo entendía perfectamente. Cuando llegó a casa, la subí al vestidor de Miguel y le abrí los armarios, donde aún estaban todas sus cosas para que escogiese lo que quisiera. «No, no —me dijo para mi sorpresa—, lo que quiero es el cuadro de Sotomayor y la escultura de Benlliure». Le expliqué lo mejor que pude que no podía entregarle eso, porque había más herederos y el albacea era Christian Boyer, el hermano de Miguel, y no yo. Me confesó que se llevaba mal con su tío e insistió en que le diera ambas obras de arte. Le volví a explicar que, sin el permiso de los demás herederos, podía meterme en un lío. Se fue enfadada.

Unos días después, me llamó Miguel Boyer hijo, con quien había tenido una buena relación hasta una pelea que tuvo con su padre, cuyos motivos nunca conocí. Llegó a pasar varias Navidades con nosotros y se llevaba divinamente con mis hijos. Incluso algunos fines de semana venía a casa con sus amigos, se bañaban en la piscina, jugaban al pádel y pasaban el día en Miraflores. Nos acompañó durante un viaje a Grecia y pasó una temporada larga con mi familia en Filipinas. Igual que había hecho su hermana Laura me pidió venir a verme. También acepté.

Durante los años que estuve con su padre, ni una sola vez les negué a sus hijos o a sus nietos la entrada en casa. Todo lo contrario: las puertas han estado siempre abiertas para ellos.

El día que lo cité, Miguel hijo se presentó con su mujer, un abogado, una tasadora y una fotógrafa. Como yo no tenía nada que esconder, les dejé entrar. Empezaron a mirar por todos los rincones de la casa abriendo incluso armarios y cajones e hicieron fotos de mi colección de porcelanas, muchas de cuyas piezas me había traído de Filipinas. La tasadora incluso comentó que ella había visto esa colección en unas fotografías publicadas en revistas durante mi matrimonio con Carlos. Afortunadamente, yo guardo las facturas de todo lo que he comprado, especialmente de las piezas de arte. La mayoría las he adquirido asesorada por Nieves Fernández, una íntima amiga mía galerista y gran experta, que en la época en la que yo trabajaba muchísimo me ayudó a invertir en arte.

Al dolor por la muerte de Miguel, tuve que sumar los disgustos que me dieron sus hijos. Fue una época muy dura. Por lo que él me había contado, su hija Laura había sido una niña complicada que les causó muchos problemas, tanto a él como a su madre y a su abuelo materno. Laura, en una entrevista que concedió a *ABC*, reveló que nunca pudo superar el divorcio de sus padres. También afirmó que había mantenido una buena relación con su padre hasta que nació Ana. Considero que Laura hubiera tenido los mismos problemas con Miguel tanto con Ana como sin ella. Con los años, la manía que me tomó Laura se acrecentó hasta cotas insospechadas. Me enteré de esa inquina días después de su muerte, cuando la revista *Semana* publicó una entrevista insultante y profundamente injusta escrita por ella contra mí y que pidió que se diera a conocer cuando hubiera fallecido.

Laura tenía cuatro hijos. Al que más traté fue a Hugo. Cuando Miguel, su abuelo, se puso enfermo, le llamé para que viniera a visitarlo. Antonio y Amos, los hijos pequeños de Laura, vivieron con su madre y con nosotros una pequeña temporada en Puerta de Hierro. Cuando regresaron a su casa, le pedí a la niñera de mi nieto Alejandro, el hijo mayor de Chábeli, que por aquel entonces estaba en Madrid, que fuera a ayudarla con los nietos de Miguel. A las dos semanas, me telefoneó para decirme que le resultaba imposible trabajar en una casa tan caótica.

Durante la enfermedad de Miguel, Laura me llamó una vez y me pidió que la sacase de la clínica donde la había ingresado su madre. Le dije que yo no estaba autorizada para hacerlo. Ella me insistió que sí podía, si utilizaba el poder que me había dado su padre. Lo consulté con Javier Ruiz, mi abogado, quien me aconsejó que no se me ocurriera autorizar su salida de la clínica, porque la responsabilidad la tenía su madre y yo me podía meter en un lío. Le pedí a Javier que la llamase para explicárselo y eso hizo.

Laura falleció el 24 de febrero de 2023. Ese día me llamó su hijo Hugo para comentarme que su madre había pedido ser enterrada en el cementerio de San Isidro, pero que no había tumbas disponibles, solo nichos. Me preguntaron si podían enterrarla junto a Miguel. A Hugo le expliqué que ese era un panteón que yo había comprado para los Preysler, y que Miguel estaba allí enterrado porque su voluntad era la de estar conmigo. Aún así le dije a Hugo que si la incineraban, no tenía ningún problema en que sus cenizas descansaran junto a su padre. Pero al parecer Laura había pedido no ser incinerada así que, finalmente, no pudo ser. La situación me afectó mucho, pero justo después de aquella difícil decisión, salió publicada en la revista *Semana* la famosa entrevista póstuma de Laura. En ese momento casi agradecí no haber accedido a la petición de Hugo. Todavía sigo sin comprender su inquina hacia mí porque yo nunca le hice daño.

Si los problemas con Laura me sorprendieron, los que tuve con Miguel hijo me dolieron aún más. Como ya he comentado, habíamos convivido mucho hasta que un buen día, sin conocer yo entonces sus motivos, dejó de venir a casa. Durante años, cuando se aproximaba la Navidad, le preguntaba a Miguel si su hijo iba a venir, pero siempre me ponía excusas hasta que comprendí que estaban totalmente distanciados y que nunca más volvería a pasarla con nosotros. Aún hoy desconozco las razones de ese distanciamiento. Solo sé que el desencuentro se produjo tras una reunión entre padre e hijo. Cuando Miguel llegó a casa ese día, lo noté desencajado. Le pregunté qué había pasado entre ellos. Me contó, sin entrar en detalles, que las cosas habían ido mal; que su hijo estaba muy influenciado por su madre, pero que prefería no hablar más del tema. «No quiero que te metas en esto», me pidió. No insistí y pensé que me lo contaría tan pronto como estuviera listo para hacerlo. Algo que no llegó a ocurrir. Siempre respeté las cuestiones familiares de Miguel y nunca supe lo que había pasado entre ellos. Cuando sufrió el ictus, llamé enseguida a su hijo para comunicárselo. Lo primero que me dijo fue: «Ya era hora de que me llamaras». Le pregunté que por qué decía eso. No comprendía qué me estaba echando en cara, porque desconocía qué había sucedido entre ellos: «Espero que tú puedas aclararme lo que pasó», le pedí, pero su única respuesta fue un tenso silencio. Durante toda la enfermedad de su padre, Miguel solo lo visitó una vez en la clínica y una en casa. Laura vino dos veces al Ruber y dos a casa. Tras el fatal desenlace, Miguel hijo concedió una entrevista a *LOC* en la que se notó que no solo me odiaba a mí, sino mucho más a su padre. Sus respuestas eran terribles. Sentí dolor con cada una de las frases despiadadas que le dedicaba. No pude terminar de leerla. Después de aquello, no quise saber nada más de él. Ojalá no hubiese esperado a que Miguel muriera para decir esas cosas. Ojalá hubiera concedido esa entrevista cuando su padre estaba vivo para poder defenderse.

Hugo, el hijo de Laura, nos pidió que olvidáramos el pasado y le dijimos que por nosotras no existía ningún rencor, pero la verdad es que no nos hemos vuelto a ver. Cuando falleció su madre, hablamos y me dijo que sería bienvenida al tanatorio. No fui, porque al único que tenía que dar el pésame era a él y lo hice por teléfono. Le pedí que se lo transmitiera a sus hermanos. Aunque no se había publicado aún la entrevista de Laura, yo era consciente de que a su familia no le hubiera gustado verme allí. Mi hija Ana no pudo acudir al tanatorio porque se encontraba en Doha. Mandamos una corona de flores de parte de las tres. La prensa publicó la foto en la que alguien había tapado los nombres de Ana y el mío y solo dejó a la vista el de

Tamara. En la actualidad, el único Boyer con el que sigo teniendo trato es con Christian, el hermano menor de Miguel, y con Patricia, su mujer, a los que él quería mucho. Yo también, por eso continúan viniendo a casa y tenemos la misma relación que cuando vivía Miguel.

* * *

La realidad me confirma a diario que el mundo es sorprendente y muy pequeño. Mi conflictiva vecina de Puerta de Hierro, la que tan mal me lo hizo pasar, había formado parte de la familia Boyer. Mi suegro, José Boyer y Ruiz-Beneyán era un hombre guapo —fue campeón de España de salto de trampolín—. A mi suegra, Carlota Salvador y Sáinz de Vicuña, no llegué a conocerla —aunque era prima hermana de mi padrino, Teddy Sainz de Vicuña—, porque falleció joven de un cáncer fulminante. Todo el mundo hablaba maravillas de ella, era culta, refinada, encantadora y sus hijos la adoraban. Yo tenía una buena relación con los hermanos de Miguel. Agustín, uno de mis cuñados, estuvo casado con mi vecina, Grazia Berghese o Pussy, como la llamaba todo el mundo, de la que se separó. Desde entonces, Pussy odiaba a los Boyer y decidió ajustar sus cuentas pendientes con Miguel y conmigo. Cuando se enteró de que nos mudábamos a Puerta de Hierro, comenzó a hacernos la vida imposible: interpuso contra mí todas las denuncias imaginables. La justicia me dio la razón en todos los casos, pero aun así nos hizo mucho daño. Lo primero que consiguió fue paralizar durante dos años las obras de mi casa —diseñada por Carlos Boyer—, lo que me obligó a vender casi a mitad de precio la de Arga ya que nos vimos obligados a seguir viviendo en El Viso durante todo ese tiempo. También tuve que cancelar los presupuestos iniciales y, dos años después, todo me costó mucho más caro. A Pussy solo la vi en persona una vez, en el juzgado al que acudí personalmente por consejo de mi abogado. Ante la juez expliqué que todo aquello no era por una pista de pádel, sino que, en el fondo, se trataba de una pelea familiar.

La juez me dio la razón.

Curiosamente, si a mi vecina solo la vi una vez en mi vida y en tan desagradable circunstancia, a su padre lo conocí mucho. Bastiano Berghese —que no tenía relación con su hija Pussy— era un filántropo casado por segunda vez con Gudrun, una Miss Universo finlandesa muy guapa. Vivían en la finca más bonita de toda Marbella y, en verano, nos invitaba a sus espléndidas fiestas. La última vez que Pussy me denunció fue después de Filomena. Quise reparar los daños que habían sufrido unas plantas, y que nos beneficiarían a las dos, pero aun así amenazó con demandarme. Murió en abril de 2024. Espero que ahora, con mis nuevos vecinos, tengamos por fin la paz y armonía que siempre he deseado.

Mi boda con Carlos en la capilla de Casa de Vacas, el 23 de marzo de 1980.

Carlos y yo con mi prima hermana Maite Brías en una boda.

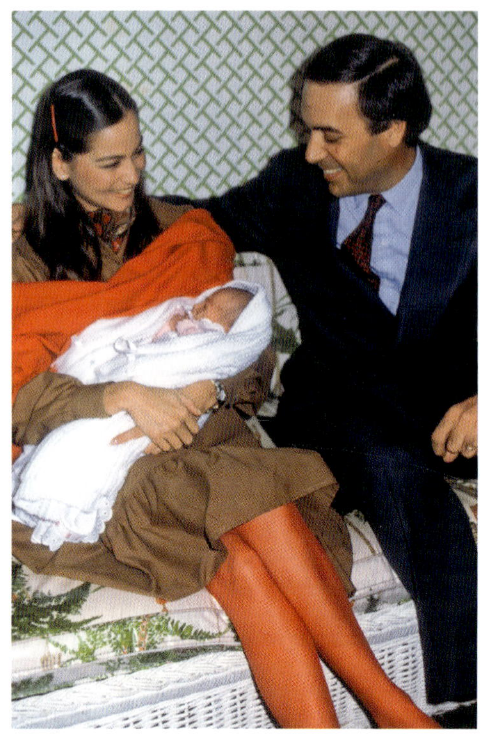

El día que volvimos a casa con Tamara recién nacida.

Fin de semana en Casa de Vacas con Enrique.

Chábeli con Fran y Luis Alfonso de Borbón, Mathilda
y Marella Rossi en Marbella. Verano de 1979.

Chábeli, Julio y Enrique en nuestra casa de San Francisco de Sales.
Diciembre de 1979.

Con mi amiga Carmen Martínez Bordiú
en Marbella, a mediados de los años 70.

Carmen y yo en París. Primavera de 1981.

Dándole el biberón a Claudio, el león de mis niños, en Casa de Vacas.
Verano de 1980.

Xandra y Manolo Falcó
con Chábeli, Julio y Enrique
en Casa de Vacas.

Miguel y yo, la noche que recibimos el premio Limón. Abril 1984.

Miguel y yo en Tenerife. Octubre de 1987.

Saliendo de los juzgados de Pradillo tras casarnos el 2 de enero de 1988.

A las puertas de la Clínica Ruber con Ana recién nacida. Abril 1989.

Verano en Marbella.

Julio con Tamara en su casa de Indian Creek.

Tamara y Ana en Arga. Abril 1991.

Mi querida Margarita Vega-Penichet con Tamara y Ana en Cerdeña.
Verano 1995.

Visitando Éfeso en un viaje a Turquía con mis niñas. Agosto de 1997.

Cumpleaños de Ana en Miraflores. Abril 1996.

Un Fin de Año en casa con Margarita Vega-Penichet
y Ana llenas de confeti.

Con mi querido amigo Giorgio Armani en su casa.

Crucero por Capri en el barco de los Amusátegui. De izquierda a derecha, Carlo Nasi, Alfonso de Borbón, Ana Cristina Nasi, Amalia Amusátegui, Marisa de Borbón y Miguel. Delante, Pepe Amusátegui. Mayo de 2009.

Miguel y Tamara durante unas vacaciones en Grecia. Verano 2003.

Con mis hijos y mi nieto Alejandro en Miami. Semana Santa de 2005.

Con Julio y Enrique en Miraflores. 2010.

Con mi adorada hermana Beatriz.

Con mi hermana Beatriz y mis sobrinos Álvaro y Diego Castillejo, Tamara, Ana y Lucía Domínguez en Eurodisney.

Entrevistando a Paul Newman para la revista ¡*HOLA*! Londres, febrero 1987.

Con el rey Carlos de Inglaterra, entonces príncipe de Gales, en Porcelanosa (Villareal).

Entregando el trofeo del Campeonato de Polo al entonces príncipe Carlos de Gales.

Con mi querido amigo Manolo Colonques, presidente de Porcelanosa.

Con Tamara inaugurando la tienda de Porcelanosa en Barcelona, 2013.

Ana en su graduación de E3 en ICADE.

Bailando con Carlos. La nariz que tenía antes de operarme por primera vez.

Con mi nieto Alejandro, en Miami, ya recuperado de su nacimiento prematuro.

Con mi nieta Sofía y Chábeli en Miami. Junio de 2013.

Con mi nieto Nicolás pocos días después de nacer.

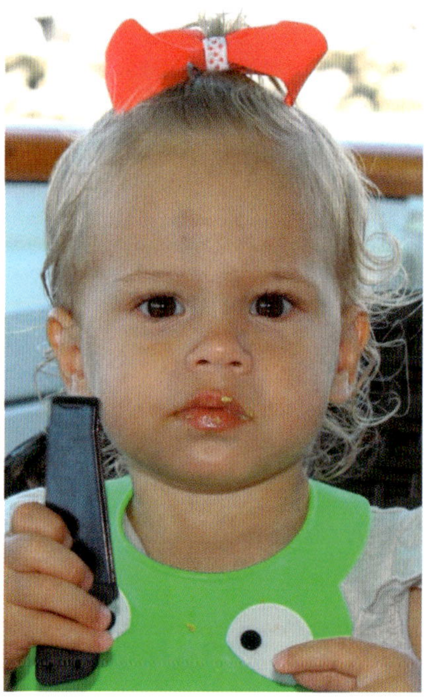

Mi nieta Lucy.

Mi nieta Mary.

Con mis nietos Mateo
y Miguel, justo después
de nacer mi nieto Martín.
24 abril de 2024.

Mi familia al completo durante la comida de Navidad de 2024
en la casa de Enrique (Miami).

14
Mi amiga Carmen

A Carmen Martínez-Bordiú la conocí al poco tiempo de llegar a Madrid, cuando todavía era novia de Jaime Rivera, durante una cena en casa de Margarita Fierro. Me pareció guapísima, divertida, espontánea, cariñosa y con una alegría absolutamente contagiosa. Con el tiempo acabé admirando, sobre todo, su entereza, su asombrosa fuerza y la serenidad con la que se ha enfrentado a las terribles desgracias que le han tocado vivir. La vida ha sido con ella generosa y cruel. Le ha dado mucho de todo: años fáciles e importantes, grandes momentos y enormes tragedias.

La muerte de Fran, su hijo mayor con tan solo once años, fue la primera. Aquella desgracia la hirió para siempre. El accidente de coche ocurrió cuando Alfonso, los dos niños y la seño volvían hacia Madrid, el 5 de febrero de 1984, después de haber pasado unos días esquiando en Jaca, en la estación de Astún. Todos fueron trasladados e ingresados en la Clínica Universitaria de Navarra en donde Fran, que no logró sobrevivir, falleció dos días más tarde.

Carmen, que ya se había casado civilmente con Jean-Marie Rossi y vivía en París, voló inmediatamente a Pamplona. Me reuní con ella y pude comprobar personalmente su fortaleza mientras sufría el dolor indescriptible que causa la pérdida de un hijo. Fue muy criticada en aquellos terribles momentos por haber pedido la custodia de Luis Alfonso, que tenía entonces casi diez años, pero tomó esa decisión ante la posibilidad de que le pudiera ocurrir algo inevitable al padre de su hijo, Alfonso, quien estuvo muy grave y pasó un mes en coma. No podía permitir que la educación de su hijo pasara a depender de su abuela, Emanuela de Dampierre, en lugar de ser ella, como madre, quien asumiera esa responsabilidad.

La siguiente tragedia ocurrió unos meses más tarde, cuando estaba toda la familia en Bahamas de vacaciones. Un día, Carmen y un grupo de niños, entre los que se encontraban los hijos de Jean-Marie y Luis Alfonso, se subieron a una lancha que llevaba Marc Landeau, íntimo amigo de Jean-Marie. En un momento dado, y mientras Carmen se preparaba en el agua para hacer esquí, el motor comenzó a tener dificultades para ponerse en marcha. Cuando Marc intentó arrancarlo sin conseguirlo, descubrieron horrorizados que el cuerpo de Mathilda, hija de Jean-Marie y su exmujer Barbara Hottinger, estaba destrozado entre las aspas de las hélices. Mathilda se había caído al agua y nadie se había dado cuenta por el lío de tantos niños sentados en la borda. No puedo ni imaginarme lo que debió de suponer esa terrorífica escena para los niños y para Carmen y Marc, ni tampoco la sobrecogedora llegada de todos ellos a la playa donde se encontraba Jean-Marie...

Durante toda esa trágica época, mi amiga siguió conservando esa fuerza y ese valor que tanto admiro en ella.

Aún le quedaba otra espantosa experiencia por vivir. Alfonso de Borbón, su exmarido desde hacía en ese momento diez años, sufrió un terrible accidente el 30 de enero de 1989 mientras esquiaba en Colorado, en Beaver Creek, a donde había viajado para asistir a la celebración de los Campeonatos del Mundo. Ya atardeciendo y después de inspeccionar las pistas con su amigo Toni Sailer, varias veces campeón del mundo, un cable que se encontraba colocado a muy poca altura cerca de la meta le segó el cuello provocándole la muerte instantánea.

Una vez más, su entereza y su serenidad sirvieron de consuelo y apoyo a su hijo Luis Alfonso al que esas tres tragedias espantosas, que ocurrieron en tan solo cuatro años, habían marcado profundamente. A Carmen le cambiaron su manera de ser y de pensar. Una vez me dijo que cuando le asaltan todos esos terribles recuerdos, intenta cambiar de página y mirar la siguiente, pero que no siempre lo consigue.

Al principio de conocernos nos veíamos mucho en casas de amigos comunes. Me invitó varias tardes al palacio de El Pardo donde habían instalado un cine en uno de los salones. Primero tomábamos un té con sándwiches y pastas y luego veíamos el NO-DO y una película. Un par de veces se nos unió Franco, que tomaba Fanta de naranja en vez de té y que, al contrario de doña Carmen, nos hablaba muy poco. Ella en cambio se interesaba mucho por nuestras cosas y estaba pendiente de nosotras. Mi amiga adoraba a su abuela. Siempre fue la persona a la que estuvo más unida. Era su nieta mayor, pasaba mucho tiempo en El Pardo, la acompañaba de compras y le hacía compañía. Probablemente doña Carmen no entendiera algunas de las decisiones que tomó su nieta, pero nunca intervino con consejos o reproches. A mí me encantaban esas meriendas porque podíamos ver películas que todavía no se habían estrenado en los cines de Madrid.

Mi marido Miguel, que era cariñoso con Carmen cada vez que nos reuníamos, me reprochó en alguna ocasión esa cercanía con el Régimen y, también, el que mis amigos y yo hubiésemos sido unos privilegiados durante la Dictadura mientras el resto de los españoles lo había pasado tan mal. Intentaba entonces explicarle que, en esa época, yo acababa de llegar a vivir a Madrid y la gente con la que trataba no hablaba de política ni se oponía al Régimen. Para mí, Franco era el abuelo algo distante de mi amiga al que saludé las dos o tres veces que merendó con nosotras. Toda la familia de Carmen (su abuela, sus padres, sus hermanos...) fueron siempre adorables conmigo. No se diferenciaba en nada de las otras familias de mis amigos. Eran encantadores, acogedores, sencillos, divertidos, amables y muy naturales. Nunca los vi darse la más mínima importancia por lo que eran o lo que representaban, sino más bien todo lo contrario.

No pude estar con ellos cuando murió Franco. Lo sentí sobre todo por la madre de Carmen, la marquesa de Villaverde y luego duquesa de Franco, una señora estupenda, inteligente, discreta y cariñosa. El 20 de noviembre de 1975, Julio y yo estábamos ya en Filipinas para pasar las Navidades, como hacíamos todos los años. Les mandamos unos telegramas dándoles el pésame.

Carmen se enamoró de Alfonso de Borbón y Dampierre durante un viaje que hizo con sus padres a Estocolmo, cuando estaba destinado allí como embajador en Suecia. Él también se enamoró de Carmen —¡cómo no iba a hacerlo!— y se casaron el 8 de marzo de 1972. Ella tenía veinte años y Alfonso, treinta y seis. Hacían una pareja espectacular.

Los dos estaban guapísimos ese día: la novia con un maravilloso vestido de Balenciaga en raso de seda blanca con bordados en cuerpo, escote y mangas y una larguísima cola; el novio con uniforme de diplomático, ya que en esos momentos seguía siendo embajador.

La ceremonia se celebró en la capilla del palacio de El Pardo y los padrinos fueron Franco y Emanuela de Dampierre, la madre de Alfonso. Su padre, don Jaime de Borbón y Battenberg, infante de España y duque de Segovia, también presente en la boda, estaba muy emocionado por haber podido regresar a Madrid para la boda de su hijo, después de cuarenta y un años de exilio. Recuerdo que había señoras muy guapas, importantes y muy bien vestidas. Entre ellas, Imelda Marcos, una de las invitadas más elegantes. Me dio un poco de apuro ir a saludarla y, pocos días después, tía Mercy me llamó la atención porque Imelda le había comentado que no lo había hecho. También recuerdo que Cari Lapique se nos acercó en un momento dado y nos dijo que el fotógrafo de *Vogue* quería hacerme una foto. Julio le pidió a Cari que les dijera que el artista era él…

Fue una ceremonia, una cena y una fiesta espectaculares: un cuento de hadas.

Cuando volvieron de su luna de miel se instalaron en Estocolmo. Esa época no le resultó fácil a Carmen. Le costó mucho adaptarse a ese país nórdico, oscuro y frío. Siempre dice que su mejor recuerdo de Suecia es la gente y el cariño con el que la recibieron.

Durante su primer verano de casados nos invitaron a Julio y a mí al Pazo de Meirás y, aunque fuimos a Galicia, preferimos pasar esos días en el Gran Hotel de La Toja por comodidad y mayor libertad, aunque todos los planes los hicimos los cuatro juntos: salíamos a navegar en el barco de unos amigos de la familia, organizábamos pícnics y disfrutábamos de la deliciosa comida gallega. Julio, que siempre tuvo debilidad por los percebes, estaba feliz. El único problema durante esos estupendos e inolvidables días fue el agua helada del Atlántico. Me atreví a bañarme una vez porque he nacido en una isla y me encanta el mar, pero no lo volví a intentar porque todavía recuerdo lo espantosamente fría que estaba el agua.

Carmen, ya embarazada de su primer hijo, consiguió, por fin, convencer a Alfonso de que dejara su puesto de embajador para volver a Madrid y estar cerca de su familia y sus amigos. Después de pasar una temporada en el palacio de El Pardo, se instalaron en nuestro edificio de la calle San Francisco de Sales 33 y ahí fue cuando Carmen y yo empezamos a ser inseparables. Además, nuestros hijos tenían la misma edad y jugaban siempre juntos.

En 1979, un año después de que Julio y yo lo hiciéramos, Alfonso y Carmen se separaron, aunque tardaron dos años en anunciar su divorcio ya que este no llegó a España hasta 1981.

A partir de ese momento, comenzó para nosotras una época irrepetible. Empezamos a viajar, fuimos a cenas y a fiestas dentro y fuera de España, a pasar fines de semana con nuestros hijos en casas de amigos... Y todo solas, algo que no nos había ocurrido nunca hasta entonces. Nos hacía mucha ilusión incluso ir al cine. Éramos felices disfrutando de nuestra recién estrenada libertad. De repente, todo era nuevo y divertido y hasta las más pequeñas cosas se convertían en una aventura.

En Marbella Peter Viertel y su mujer Deborah Kerr, muy amigos nuestros, nos presentaron a Irving Lazar, el gran abogado y representante de muchas estrellas de Hollywood, además de agente literario de autores mundialmente famosos y que solía organizar la mejor y más importante fiesta tras la ceremonia de los Oscar. Nos invitaron a viajar a Los Ángeles para que pudiéramos vivir unos días desde dentro ese mundo maravilloso que solo habíamos visto en películas y en algunas revistas. Gregory Peck y Kirk Douglas organizaron cenas en sus casas, conocimos a directores, actores, productores... Fue una experiencia inolvidable en la que cada día nos llevábamos una sorpresa aún mayor.

Cuando aceptamos la invitación de Lazar y los Viertel, compramos los billetes más baratos que había en aquella época, porque preferíamos emplear el dinero que teníamos en hacer compras y nos sentaron a la ida y a la vuelta en la cola del avión. Al final nos arrepentimos un poco porque en el vuelo hacia Madrid pasamos hambre. Nos dieron una hamburguesa bastante pequeña y, además, Carmen, sin querer, tiró encima de la mía su Coca-Cola, lo que la hizo incomible. Le pedimos otra a la azafata, quien nos contestó que lo sentía mucho, pero que no quedaban más hamburguesas porque llevaban las justas. Recuerdo que se nos saltaron las lágrimas del ataque de risa que nos entró. Carmen se portó muy bien y me dio la mitad de la suya.

Estando todavía casada con Alfonso, Carmen conoció a Jean-Marie Rossi, uno de los anticuarios más importantes de París, bastante mayor que ella, inteligente, de cultura extraordinaria, cariñoso, encantador, con gran sentido del humor y muy atractivo. Los dos matrimonios —Alfonso y Carmen, Jean-Marie y Barbara— coincidieron en el barco de Paul Annick y su mujer Olimpia de Torlonia para hacer los seis un crucero por el Mediterráneo. Fue un absoluto flechazo, un amor total a primera vista. Cuando desembarcaron, y mientras se despedían, Jean-Marie le dio disimuladamente a Carmen un papel doblado con su número de teléfono. Ella le llamó al día siguiente.

Durante un largo tiempo estuvieron viéndose en secreto, muy de vez en cuando y siempre fuera de España excepto la primera vez. Carmen llevó muy mal esas separaciones, porque estaba muy enamorada y, un buen día, decidió hacer sus maletas e instalarse en París. En España, se organizó un enorme escándalo porque había dejado a su marido, a sus dos hijos pequeños y a su familia. La criticaron mucho. Pero ella había tomado la decisión más importante de su vida y estaba decidida a no echarse atrás. Jean-Marie también dejó a su mujer y a la amante que tenía en aquella época y se fue a vivir con Carmen. Se casaron civilmente el 11 de diciembre de 1983 en, el *château* de Malmaison, en los Altos del Sena, durante una ceremonia íntima a la que solo asistieron unos pocos amigos franceses.

En aquella época, viajé mucho a París. Todo lo que rodeaba a Jean-Marie era original y diferente a lo que estábamos acostumbradas. Me chocaba por ejemplo que la exmujer de Jean-Marie, Barbara, viviera en una casa situada justo frente a la de ellos. Cuando le pregunté a Carmen si a ella le daba igual, me comentó que Rossi, en su enorme y espectacular invernadero, tenía unas plantas de muchos años importantísimas para él, que no habrían sobrevivido a una mudanza, y eso era algo que no podía permitir. A Carmen no le importaba demasiado tener de vecina a Barbara ni tampoco que ella siguiera trabajando en Aveline, la tienda de antigüedades de Jean-Marie. Todo en ellos era muy civilizado. Muy francés.

En abril de 1985 nació su hija Cynthia, que no llegó desgraciadamente a conocer a sus dos hermanos fallecidos, y a la que bautizaron como Cynthia Francisca Mathilda. Esa niña significó para Carmen volver a vivir de nuevo.

Cynthia es ahora una mujer estupenda, inteligente y adorable que lleva una vida muy discreta en Burdeos con su marido, Benjamin Rouget, y sus tres hijos. Carmen adora a sus siete nietos, a los tres de Cynthia y a los cuatro que tiene de Luis Alfonso y Margarita Vargas. Luis Alfonso ha sido un buenísimo hijo que ha querido y apoyado siempre a su madre en todos los momentos importantes y al que ella le está muy agradecida.

Únicamente una vez, durante nuestra amistad de cincuenta años, mi amiga y yo tuvimos un problema que nos separó durante muchos meses. Chábeli y ella coincidieron en marzo de 1997 en el primer programa de *Tómbola* de la Televisión Autonómica Valenciana. Mi hija abandonó el plató ante las faltas de respeto de los colaboradores, quienes seguían insultándola incluso cuando ya no estaba en su silla. Carmen no la defendió. Me dolió mucho porque creo que yo lo habría hecho sin dudarlo si esa situación le hubiera ocurrido a cualquiera de sus hijos. Días después de lo ocurrido me escribió una carta diciéndome que lo sentía mucho, que comprendía mi enfado pero que no había sabido reaccionar en ese momento. Siento haber sido rencorosa, pero lo fui y no le contesté.

Casi un año después, el 4 de febrero de 1998, murió su padre Cristóbal Martínez-Bordiú, marqués de

Villaverde. Cuando acudí a la calle Hermanos Bécquer a casa de su madre, a quien yo tenía cariño, para darle el pésame, la primera persona que vi al llegar fue a Carmen. Nos dimos un abrazo muy largo y el silencio de esos meses se borró para siempre.

* * *

Me siento muy bien cuando estoy con ella. Siempre ha sido más atrevida, alegre y espontánea que yo. Hace muchos años, cuando éramos inseparables, me dijo: «No hay nada de lo que se me pasa por la cabeza que no te cuente». Y era verdad. Siempre hemos sido sinceras la una con la otra y nos hemos llegado a conocer muy bien, tal vez mejor que dos hermanas. Durante toda su vida ha luchado por su felicidad y ha sido juzgada, criticada y atacada por ello. Ahora vive en una casa preciosa en Portugal, en Sintra. A veces voy a verla y ella, también a veces, viene a Madrid. Algunos días me manda un *WhatsApp* diciéndome que ha vuelto a soñar conmigo…

15
MIS TRABAJOS, MI INDEPENDENCIA

Afortunadamente he tenido unos trabajos que me han permitido ser independiente económicamente a lo largo de mi vida, algo que considero fundamental y que he inculcado a mis hijas desde siempre.

Si echo la vista atrás en cuanto a mi actividad profesional veo lo importante que es elegir bien. Hay trabajos que me han ofrecido y que no he aceptado porque, para mí, creer en el producto es fundamental. Nunca habría anunciado algo en lo que no creyera o no utilizara.

Pienso que me estoy haciendo muy mayor, porque últimamente me están concediendo muchos premios y creo que ha llegado el momento de retirarme poco a poco. A pesar de todo, ahora mismo estoy valorando dos proyectos porque, a mi edad, seguir activa también es saludable.

La mayor parte de mi vida profesional está ligada a Porcelanosa, a los hermanos Colonques —Manolo y Héctor—, y a José Soriano, ya fallecido, a los que quiero muchísimo. Pero nada de todo eso habría sido posible sin una serie de casualidades que me llevaron a aceptar su propuesta como imagen de la marca, algo de lo que me siento especialmente orgullosa porque, en realidad, en aquel momento la situación apuntaba a que yo lo fuera de Galerías Preciados y nada hacía presagiar lo contrario. Pero todo se complicó.

Gustavo Cisneros, el nuevo propietario entonces de Galerías Preciados y al que me unía una relación de amistad desde hacía años, era un gran empresario, consciente de que esos grandes almacenes necesitaban un cambio. La compañía estaba totalmente hundida y el resultado del estudio de mercado que se había encargado sugería que, además de otros temas estructurales, debían apostar por un personaje muy conocido a nivel nacional para una campaña importante de publicidad que consiguiera relanzar Galerías Preciados. Y me llamaron a mí. Me reuní con Gustavo y con su equipo, formado por personas tan profesionales como encantadoras y el proyecto me gustó mucho.

Yo estaba entusiasmada, pero lo tuve que consultar con Miguel porque Gustavo Cisneros había comprado Galerías Preciados tras la expropiación de Rumasa. Miguel me recomendó que no lo aceptara ya que, aunque él no tuvo nada que ver con la propuesta que me habían hecho, algunos podían pensar que se me había ofrecido el trabajo por haberse vendido la empresa al Grupo Cisneros. Me dijo que lo había consultado incluso con Felipe González quien le restó importancia al asunto y le tranquilizó diciéndole que, si surgían críticas, estas se podían acallar publicando el estudio de mercado encargado por la compañía. Pero Miguel, que siempre fue escrupulosamente correcto con su carrera política, ya tenía tomada su decisión. Aunque sabía que a mí me hacía ilusión y sintiéndolo mucho, me pidió que rechazara la oferta.

Mientras se producían esas negociaciones, una empresa de publicidad se puso en contacto con Eduardo Sánchez Junco, íntimo amigo mío y dueño y director de *¡HOLA!*, para explicarle que los fundadores y propietarios de Porcelanosa querían hablar conmigo. Eduardo me aconsejó que los recibiese, porque no perdía nada. Recuerdo que, a la primera reunión celebrada en mi casa de Arga, vino Manolo Colonques con el abogado de la empresa y tres personas más de su equipo a los que recibí acompañada por Matías Cortés, mi abogado entonces. Aunque fue un encuentro muy interesante, en aquel momento no estaba yo muy convencida y rechacé la oferta. Manolo Colonques siempre recuerda entre risas mi negativa inicial. ¡Quién me iba a decir que íbamos a hacer tantas cosas juntos y que acabaríamos siendo casi una familia!

Terminé aceptando la propuesta de Porcelanosa y, al final, fue la decisión más acertada. He trabajado con ellos más de treinta años y alguna vez se ha bromeado con que deberían darme un récord Guiness por una de las relaciones más largas entre una marca y la imagen que la representa. La compañía está formada por un grupo familiar de Villarreal, Castellón, muy serio y profesional, del que nunca he tenido una queja. Gracias a su trabajo y esfuerzo, han logrado que sus pavimentos, revestimientos y productos para el hogar, de gran calidad, sean conocidos internacionalmente. Desde el principio, nuestra colaboración se convirtió para mí en algo más que una relación profesional.

El primer anuncio que rodamos en mi casa de Arga, para la campaña navideña de 1986, fue una auténtica experiencia: me llenaron todo el jardín de sal para simular que estaba nevado lo que provocó que se quemaran las plantas y el césped, aunque al terminar me lo arreglaron todo y quedó más bonito que antes. En aquel anuncio yo subía por las escaleras del jardín, en la entrada de mi casa, y se me veían unas medias de Marie Claire con costura de brillantes en la parte posterior de las piernas. Fue un éxito colateral inesperado: a las señoras que lo veían en televisión les gustaron tanto las medias que estas se agotaron en las tiendas. Eran ideales cuando las veías puestas en alguien, pero si las llevabas tú resultaban muy incómodas porque no podías cruzar las piernas: los brillantes se enganchaban y las destrozaban. A raíz de este éxito, Silvestre González, dueño de la empresa de Castellón me enviaba todos los años una caja enorme de calcetines y medias.

A las campañas publicitarias anuales y a las tiendas que hemos ido inaugurando por todo el mundo gracias a su éxito empresarial, se unieron las cenas en las que Carlos de Inglaterra —antes de su coronación— ejercía de anfitrión y agradecía a Porcelanosa la contribución a sus obras benéficas.

Guardo recuerdos inolvidables de aquellos encuentros excepcionales —de los que tan bien se ocupaba José Pascual Pesudo— que me llevaron a conocer algunos palacios y residencias privadas de la familia real británica como Buckingham Palace, el castillo de Windsor, Clarence House, Saint James, Dumfries House en Escocia y Highgrove House en Gloucestershire. En todos ellos, cada mueble, silla u objeto era una obra de arte. Como invitados, participábamos en cenas de ensueño en unos comedores únicos en el mundo, con paredes cubiertas de magníficos cuadros y mesas maravillosamente puestas con un gusto exquisito, sobre todo en Buckingham, su palacio más valioso y que alberga casi toda la Royal Collection de pinturas.

El rey Carlos, entonces príncipe de Gales, fue siempre muy amable con todos nosotros. De él puedo decir que es muy culto, encantador, con mucho sentido del humor y enorme ingenio.

Durante esas cenas en las que todo lo que se servía provenía de sus granjas y huertas, se mostró siempre muy preocupado por el cambio climático y compartió con nosotros su pasión y enorme conocimiento sobre todo tipo de agricultura. Lo que más me emocionaba y le agradecía es que, cuando conversábamos, siempre se interesaba por mis hijos, sus trabajos y sus aficiones. Por eso, al ver en televisión últimamente situaciones en las que se resalta su malhumor, pienso que este podría ser debido a la responsabilidad que supone hacerse cargo de la Corona británica; a su melancolía por la pérdida de su madre, la reina Isabel, así como por los problemas familiares y de salud tanto suyos como de la reina Camila o de su nuera, la princesa de Gales.

La reina me parece una mujer muy divertida y con mucho sentido del humor. Una vez, en aquella época y durante un partido de polo, me contó que para ella fue durísimo, al cumplir trece años, tener que dejar su vida en el campo, que adoraba, para irse a estudiar a Londres; me confesó también que su mejor amigo era su caballo. Yo me eché a reír mientras ella me aseguraba muy seria que, a menudo, los animales son mucho mejores que las personas. Cuando la conoces comprendes perfectamente que ambos hayan hecho lo imposible por estar juntos, porque tienen los mismos gustos e inquietudes.

Estos encuentros me permitieron también conocer y trabajar con estrellas internacionales que prestaron su imagen a Porcelanosa, como George Clooney, con el que además hice una campaña de publicidad en mi casa de Madrid e inauguré varias tiendas. Trabajar con él fue fácil y nos conquistó a todo el equipo con su simpatía y su sentido del humor. Manolo Colonques, al que sigo estando muy unida, y yo organizamos una cena en mi casa a la que asistieron George Clooney, Ben Weiss —uno de los directores de la serie *Friends*—, Pedro Almodóvar, Eduardo Sánchez Junco y mi amiga Elena Benerroch. Mis hijas, que también estuvieron con nosotros, invitaron a algunas de sus íntimas amigas que estaban como locas por conocerle.

Clooney nos devolvió la invitación en su casa en el lago de Como, pero al final no pudimos cuadrarlo y desde entonces no hemos vuelto a coincidir. Con el actor Orlando Bloom celebramos mis veinticinco años como imagen de la marca y me encantó la actriz Sarah Jessica Parker por su cercanía y su estilo. Cindy Crawford organizó una cena de película en su casa de Malibú para que rodásemos un anuncio para Porcelanosa a la que también asistió George Clooney. Crawford y su marido, Rande Gerber, fueron unos magníficos anfitriones y muy cercanos. Conocí a su hija Kaia, entonces una preciosidad de niña, que se ha convertido en una mujer espectacular muy parecida físicamente a su madre y que actualmente trabaja como modelo y actriz. En aquella ocasión, le hice una entrevista a Clooney para ¡*HOLA*! Tanto él como su mujer Amal, al igual que el matrimonio Gerber-Crawford, son tremendamente solidarios con las causas benéficas como lo es en general la mayor parte de la sociedad americana, en la cual la falta de filantropía y solidaridad está mal vista.

Una de las personas que ha sido determinante en mi vida profesional es Eduardo Sánchez Junco, que ha estado presente en mis momentos más decisivos y que, como director de *¡HOLA!*, me dio la oportunidad de realizar mi primer trabajo y uno de los que más alegrías me ha dado: una serie de entrevistas a personajes muy conocidos para las que tuve que hacer muchos viajes. Fue una experiencia muy interesante y agradable, porque Eduardo lo tenía todo muy bien organizado: elegíamos juntos el personaje y él gestionaba el encuentro; yo solo tenía que preparar las preguntas y, por supuesto, redactar la entrevista. Como yo había sido entrevistada en muchas ocasiones, me resultaba fácil ponerme en el lugar del personaje, empatizar con él y respetar no solo sus respuestas, sino también sus matices.

En total fueron dieciocho entrevistas aunque la primera tuvo un valor afectivo y familiar superior al resto pues viajé a Miami para reencontrarme con mi ex, Julio Iglesias. Aproveché para preguntarle si alguna de sus canciones me la había dedicado a mí porque mis amigas se empeñaban en asegurarme que sí, que las letras tenían claramente un mensaje, una dedicatoria. Julio lo desmintió y pude confirmarles a todas ellas que no me dedicó ninguna.

El segundo fue Gregory Peck, uno de los grandes caballeros de Hollywood, que me confesó que se consideraba «una persona bastante decente». Fue encantador, todavía le recuerdo jugando con sus perros en el jardín de su casa. Me hizo muchísima ilusión recibir una carta suya, cuando salió publicada la entrevista, en la que, siendo muy fiel a sus palabras, me agradecía haber conseguido expresar todo lo que él había querido transmitir.

Le siguieron Estefanía de Mónaco y Marc Bohan, el mítico diseñador de Christian Dior. También me fascinó poder descubrir qué había detrás de la imagen de hombre duro de Clint Eastwood, uno de los actores y directores con más personalidad de Hollywood. Viajé a África para conocer a Richard Chamberlain y ese fue uno de los ejemplares de la revista más vendidos ya que su publicación, en junio de 1985, coincidió con la emisión del último capítulo de la serie *El pájaro espino* en la que Chamberlain interpretaba al padre Ralph, un personaje que hizo historia en la pequeña pantalla y que tenía a todas las espectadoras pegadas al televisor.

Otros protagonistas fueron Paloma Picasso y Stéfano Casiraghi, que murió a los pocos años de hacerle la entrevista en un terrible e impactante accidente acuático, dejando viuda a Carolina de Mónaco y huérfanos a tres niños pequeños.

La lista incluyó a Ted Kennedy, al capitán Mark Phillips —exmarido de la princesa Ana de Inglaterra—, Farrah Fawcett, protagonista de *Los ángeles de Charlie*, muy de moda en aquella época, y a Estée Lauder, con la que fui a la ópera en Nueva York y me impresionó su buen gusto y su pasión por la belleza en todos sus aspectos. También entrevisté a Mario Vargas Llosa, que se encontraba entonces dando clases en la universidad de St. Louis, en Missouri; al matrimonio formado por David Eisenhower y Julie Nixon y a mi íntima amiga, Carmen Martínez-Bordiú, ya instalada en su casa de París.

En Londres me reuní con Paul Newman, uno de los hombres más atractivos de Hollywood. Me confesó que vivía ya sin la ambición ni la necesidad de ganar premios. Me sorprendió su humildad con declaraciones como: «Hay días que me levanto con la horrible sensación de que todo mi trabajo no es sino un juego de niños y que cualquier niño de dos años lo haría mejor que yo». Ha sido otro de los grandes filántropos americanos: cuando murió había donado más de 600 millones a través de su fundación Newman's Own. A ella iban a parar todos los beneficios de sus productos alimenticios con los que ayudaba a niños desfavorecidos y enfermos.

Por último, recuerdo también mi entrevista al candidato demócrata a la presidencia de los Estados Unidos, Gary Hart, cuyo escándalo extramatrimonial, debido a una foto tomada con una modelo sentada en sus rodillas, le apartó de la campaña electoral a la presidencia de los Estados Unidos y hundió su carrera política en 1987. Y al inolvidable Yves Montand, marido de la gran Simone Signoret, cuyo romance con Marilyn Monroe, casada todavía con Arthur Miller, causó un gran revuelo tanto en Francia como en Estados Unidos.

Mi aventura profesional en ¡*HOLA*! me permitió viajar y tratar a personajes muy conocidos del momento e incluso a algunos que yo admiraba desde hacía tiempo. Le estaré siempre agradecida a Eduardo por darme esa magnífica oportunidad que acepté a pesar del reto que suponía.

Otras veces, sin embargo, he declinado ofertas porque pensaba que no podría conseguir realizarlas correctamente. Fue el caso, por ejemplo, de mi «carrera» como actriz.

Un día vino a verme Quique Herreros, el que fuera primer mánager de Julio, con un director de cine mexicano. Querían rodar una película sobre la vida de Jennifer Jones. Lo rechacé. Quique me llamó escandalizado: «Oye, Isabel, pero ¿te das cuenta de que estás rechazándolo sin meditarlo suficientemente? ¡Estamos hablando de cifras muy importantes!». Le expliqué que yo no había estudiado Arte Dramático y que además era —y sigo siendo— pésima actuando. Y como siempre he sido consciente de mi timidez y de mis escasos dones para la interpretación, lo primero que pido cuando me ofrecen una campaña de publicidad es que no me hagan actuar.

En cuanto al proyecto, me hizo mucha gracia que me propusieran ser la protagonista de una película sobre la vida de Jennifer Jones, porque unos amigos de mis padres siempre llamaban a mi madre Jennifer en lugar de Betty. Decían que se parecía a ella y, la verdad, es que tenían muchos rasgos parecidos.

Hay una campaña a la que tengo cariño y que no esperaba que tuviera tanta repercusión, la de Ferrero Rocher. A pesar de los años transcurridos todavía me divierte que me sigan haciendo bromas por la calle. Alguna vez me han gritado: «¡Oye, Preysler, a ver si me regalas un Ferrero!», lo que demuestra que el anuncio fue todo un éxito. Me contactaron con una oferta puntual porque tenían que hacer su campaña navideña, y al final estuve seis años con ellos.

«Las fiestas en casa de Isabel son famosas por…» era el eslogan de aquella promoción que consiguió dejar huella en los espectadores. Mucha gente me comentaba que había intentado hacer en casa aquella pirámide, que el mayordomo paseaba en una bandeja entre los invitados, pero que los bombones se caían. Les explicaba el truco: durante el rodaje les ponían pegamento para que no se moviesen de la bandeja.

Me encantó trabajar con los joyeros Suárez muchos años. Fui la imagen de todas sus colecciones de joyas e inauguré muchas de sus tiendas. Después he trabajado con Rabat, unos joyeros catalanes, muy amigos míos, a quienes he acompañado en su expansión y que han aterrizado en Madrid con mucho éxito.

He hecho algunas campañas con Chrysler, el lanzamiento de un maquillaje rejuvenecedor de Astor, una de las marcas de Coty, e incluso, me arriesgué a ser empresaria con mi propia línea de productos cosméticos, My Cream. Debo reconocer que resultó un fracaso y una desilusión enorme para mí, al fallarme la persona que se iba a encargar de la distribución y que no cumplió en absoluto con lo pactado.

Tampoco tuve suerte con mi primer y único programa de televisión, *Hoy en casa*, que se estrenó en Telecinco en mayo de 1998. Aunque el equipo era estupendo y me pusieron las cosas muy fáciles, ni la audiencia ni los contenidos resultaron lo suficientemente atractivos como para competir los sábados por la tarde con los partidos de fútbol. Solo se emitieron seis programas en los que comprobé que ni me siento cómoda delante de las cámaras ni lo hago bien.

Aun así, hace poco acepté la propuesta de Disney Plus de rodar un documental sobre una de las fechas más especiales del año para mí: la Navidad. Fue un proyecto bonito y muy familiar en el que pude compartir con los espectadores todo lo que rodea esas fechas maravillosas, con el árbol, los adornos, las comidas y cenas, los regalos, los reencuentros…

Al margen del trabajo, hay una labor de la que me siento especialmente orgullosa: la de presidenta de honor de la Fundación ANDE, pionera en España en la atención a personas con discapacidad intelectual. Comencé en 1987 y pasé con ellos dos años intensos en los que no paraba. Estuve presente en las distintas actividades, acompañaba a los padres, visitaba todas las instalaciones de los centros e iba a todas las presentaciones. Por ejemplo, fui a Santander porque había un partido de fútbol y hasta hice el saque de honor. Esta labor totalmente altruista me marcó mucho.

Pero si hay algo relacionado de alguna forma con mi trabajo, que realmente me dejó huella, fue la espantosa tragedia que viví de cerca y se convirtió en una pesadilla, no solo para los estadounidenses sino para el mundo entero. Una semana antes de los atentados del 11S viajé a Nueva York para reunirme con el CEO de una conocida marca de accesorios que llevaba un tiempo intentando convencerme para que participase con ellos en un proyecto. Eso hizo que el 11 de septiembre de 2001 me sorprendiese en esa ciudad. Le pedí a Tamara que se acercase desde Chicago, donde estaba estudiando, para pasar unos días disfrutando juntas del maravilloso otoño de Nueva York, una de las estaciones que más me gustan en una de mis ciudades favoritas.

Mi gran amiga Lin Bildner me llamó a las nueve esa fatídica mañana a mi habitación del hotel y me dijo muy preocupada:

—¡Que no se vaya Tamara! Hemos sido atacados. Pon la televisión.

Aún medio dormida, encendí el televisor y empecé a ver las aterradoras imágenes de lo que estaba ocurriendo en las Torres Gemelas, a muy poca distancia de donde yo me encontraba. Tamara se había ido temprano al aeropuerto para coger su vuelo de regreso a Chicago. Los móviles no funcionaban. Recuerdo haberla llamado sin parar. Debí hacerlo unas cien veces. Los terroristas habían estado en Newark, en el mismo aeropuerto y a la misma hora que Tamara, pero habían elegido secuestrar aviones para vuelos de mayor distancia porque tenían más combustible y podían hacer aún más daño.

Enrique, también muy preocupado, consiguió contactar conmigo a través del teléfono fijo del hotel. Quería mandarme su avión para que me fuese a Miami con ellos, pero resultó imposible porque habían cerrado el espacio aéreo.

Unas dos horas después conseguí al fin contactar con Tamara:

—Mami, me acabo de bajar del avión. El comandante nos ha dicho que éramos los últimos que aterrizábamos en Chicago. La gente está muy asustada corriendo por el aeropuerto. ¿Tú cómo estás?

Le contesté que estaba bien, que no se preocupara, que se fuera cuanto antes a su universidad y que, si no conseguía comunicarse conmigo por móvil, que lo hiciera a través del teléfono del hotel.

Me asomaba continuamente a las ventanas de la habitación. La calle estaba desierta y solo veía ir y venir ambulancias. Desde recepción nos mandaron una carta informándonos de que no íbamos a tener *room service* porque los hoteles estaban enviando toda la comida para las fuerzas de seguridad que trabajaban en la zona de los atentados.

Aquellos días me quedé asombrada del civismo, solidaridad y entereza de los neoyorquinos. En los portales de alrededor del hotel se improvisaron puestos para donar sangre que, desgraciadamente, apenas se llegó a utilizar en esos momentos porque había pocos heridos. Casi todas las víctimas que iban rescatando habían fallecido.

Miguel, en Madrid, se puso histérico. Pensaba que una guerra estaba a punto de estallar y que yo no iba a poder salir de Nueva York. Llamó a Inocencio Arias, entonces embajador de España en la ONU, y a Emilio Cassinello, en aquel momento cónsul de España en Nueva York. Los dos se pusieron en contacto conmigo para ofrecerme cualquier ayuda que pudieran prestarme. Se lo agradecí mucho, pero les dije que estaba bien en el hotel y que, si necesitaba algo, les avisaría. Una íntima amiga mía, Dasha Epstein, productora de Broadway a la que conocí en Marbella, y Lin Bildner vinieron a buscarme para invitarme a sus casas a comer y a cenar con ellas porque vivían muy cerca de mi hotel. No he podido olvidar la imagen terriblemente desoladora al caminar por las calles prácticamente vacías con los edificios con banderas a media asta en memoria de las víctimas que habían perdido la vida en el atentado.

Dos días después, la ciudad volvió a funcionar. Se abrieron colegios y comercios, porque los neoyorquinos querían demostrar que los terroristas no habían podido destruir su vida cotidiana a pesar de los más de tres mil muertos y los más de seis mil heridos que sus actos habían causado. Visité algunas tiendas de Madison Avenue y, cuando entrabas en ellas, encontrabas un silencio ensordecedor y veías una enorme tristeza en los rostros de los empleados y de los clientes.

El viernes 14 de septiembre, por la noche, Miguel me llamó:

—Haz la maleta. Mañana abren el aeropuerto y tienes una plaza reservada en Continental Airlines.

Mis amigas americanas me habían dicho que sería imposible marcharme aún, porque los aeropuertos estaban cerrados y convertidos en un caos, con gente que se había quedado atrapada en ellos y dormía en el suelo de las terminales. No sé cómo consiguió organizarlo Miguel, pero aquel sábado por la tarde, cuatro días después del atentado, pude embarcarme en el avión de Continental con destino a Madrid.

Durante el vuelo, a una de las pasajeras le entró un ataque de ansiedad después de ver a cuatro árabes sentados en el avión. Era rusa, una de las modelos que tenía que haber desfilado durante la Semana de la Moda de Nueva York que había empezado ese lunes 10 de septiembre. Estaba aterrorizada, quería bajarse y no había manera de tranquilizarla a pesar de los esfuerzos de las azafatas. El avión iba medio vacío, porque seguía reinando el caos y mucha gente no se había enterado de que ya se empezaba a poder volar.

Cuando despegamos el comandante se dirigió a nosotros:

—Estamos muy tristes. Este es el primer vuelo que despega de Nueva York tras los atentados. Voy a dar una vuelta sobre la zona cero.

Lo hizo, nos asomamos a las ventanillas y pudimos ver un agujero enorme y mucho humo. Tengo esa imagen tan espantosa y triste grabada para siempre en mi mente. Nueva York, una de mis ciudades favoritas del mundo, a la que solía viajar dos o tres veces al año y que ahora intento visitar al menos una vez, ya no ha vuelto a ser la misma para mí ni para nadie.

16
Desmentidos y cartas de amor

Mario Vargas Llosa era un genio: escritor, catedrático, historiador, filósofo, ensayista, dramaturgo, político, premio Nobel de Literatura 2010 y miembro de la Real Academia Española, de la Académie Française y de La Bibliothèque de la Plèiade. Gente mucho más preparada que yo ha descrito la enorme pérdida que su fallecimiento ha supuesto para la cultura universal. Afortunadamente, nos ha dejado su obra que prevalecerá para siempre.

Conocí a Mario y a Patricia en St. Louis, Misuri, en 1986. En aquel momento yo trabajaba para ¡*HOLA*! haciendo entrevistas a personajes importantes y él, muy amablemente, me concedió la suya. A partir de ese momento, los cuatro —entonces yo ya estaba con Miguel— nos hicimos amigos y nos vimos con cierta asiduidad a lo largo de los siguientes años. El 11 de febrero de 2015, y mientras Mario actuaba en *Los cuentos de la Peste* en el Teatro Español, me llamó por teléfono para invitarme a comer. Me había quedado viuda en 2014 y Patricia estaba en Perú. Le dije que mejor que a un restaurante viniera a casa para evitar las habladurías y las falsas suposiciones que pudieran surgir y, sobre todo, porque a mí lo que de verdad me gusta es comer en mi casa. Así lo hizo en dos o tres ocasiones, simplemente como un amigo más, llegando incluso en una de ellas a coincidir en la mesa con mis dos hijas y sus novios de entonces.

Plácido Arango, Cristina Iglesias, Bárbara y José Sainz de Vicuña, Patty Cisneros y yo, habíamos estado esperando a que Patricia regresara de Perú para ir juntos a ver a Mario, pero como no lo hizo, Plácido por fin organizó una cena después de la función en el restaurante chino que en aquella época había en el Hotel Villamagna y a la que naturalmente también invitó a Mario. Era febrero, domingo y noche de Oscars; mi amiga Elena Benarroch tenía instalada una pantalla gigante en su casa para ver los premios y había convocado allí a gente del cine español. Me había llamado a mí también pidiéndome que extendiera su invitación a mi grupo, y así lo hice. Pero la única persona que se ofreció a acompañarme a casa de Elena después de la cena fue Mario.

A la salida de la fiesta, me besó en el ascensor. Ahí empezó todo.

Conviví con él casi ocho años y pude conocer su parte más humana, más cotidiana, la del día a día, su verdadera personalidad, muy compleja, con aspectos que mucha gente ignora porque conseguía ocultarlos. Cuando pienso en él, solo quiero recordar nuestras épocas buenas llenas de felicidad y risas. Es cierto que pertenecíamos a mundos diferentes, pero tengo que desmentir rotundamente que él se sintiera desgraciado en el mío. Es imposible ocultar la infelicidad durante tantos años y yo, además, tendría que ser tremendamente insensible para no darme cuenta. Más aún cuando él me aseguraba todo lo contrario, como se puede comprobar al leer las muchas cartas que me escribió a lo largo de nuestra relación, algunas de las cuales he decidido hacer públicas en mis memorias, aunque otras, las más íntimas y cariñosas, las guardo para mí.

Mario fue muy feliz en nuestra convivencia diaria, con mis hijos y con mis nietos, tanto en mi casa como en las de ellos, y extremadamente feliz con el grupo de amigos, siempre el mismo —Bárbara y Juan Arena y Rosario y Santi Bergareche—, con el que viajábamos a los maravillosos destinos que él nos sugería. Tuvimos una vida social intensa y organizábamos cenas en casa con tertulias, debates, análisis y humor. Después de nuestras visitas a la clínica Buchinger solíamos pasar unos días en casa de unos íntimos amigos míos —los Amusátegui—, con los que Mario disfrutaba muchísimo. Le encantaban sus desayunos con José María —compuestos invariablemente de chocolate con churros— porque le consideraba un magnífico narrador de anécdotas e historias. Me acompañaba a los viajes de trabajo que me veía obligada a hacer y que a él le parecían apetecibles. Nunca lo hizo si no le interesaban y puedo asegurar que jamás se sintió desgraciado mientras posaba para la prensa. En este sentido, no ejercí la más mínima presión sobre él, incluso me llegó a agradecer, en alguna ocasión, que mi presencia atrajera a los medios cuando era yo la que le acompañaba a muchos de sus compromisos profesionales.

Me llena de perplejidad y aún no consigo entender el empeño de su entorno por intentar hacer creer a todo el mundo que Mario fue desgraciado a mi lado. Es un daño gratuito que, por mucho que lo intento, no logro comprender. Existen cientos de testimonios gráficos de esa época en los que se reflejan nuestras caras de felicidad. Además, hay también muchas declaraciones de Mario cuando se encontraba con la prensa, tanto si estaba yo presente como si no, en las que reiteraba lo feliz que era.

También son falsas ciertas afirmaciones que se han hecho sobre el diagnóstico de su enfermedad y su ingreso en el Ruber de Juan Bravo por COVID. El 23 de septiembre de 2019, después de una de mis habituales sesiones con Elda Cuello, mi fisioterapeuta, le pedí que examinara a Mario porque tenía dolores de espalda. Elda notó algo que no le gustó y nos aconsejó que le viese un especialista. A la mañana siguiente le acompañé al Ruber de Juan Bravo en donde la doctora Marina de la Fuente le hizo una resonancia magnética, le diagnóstico una «fractura aguda patológica de T12» y le derivó al doctor Martín López Amor. Este, al intervenirle para cementarle la vértebra, detectó algo sospechoso y le pidió a la doctora Arancha Alonso, hematóloga, que le realizase una biopsia si lo juzgaba pertinente. La doctora Alonso, mano derecha del doctor José María Fernández-Rañada, de reconocido prestigio y que supervisó todo su tratamiento, le diagnosticó un mieloma múltiple. En cuanto tuvieron el resultado se pusieron en contacto conmigo para informarme, porque era yo la persona autorizada por Mario para ello.

Sentí una enorme tristeza y, nada más colgar a la doctora, llamé a una de mis mejores amigas y le dije, llorando, «qué poco dura la felicidad y a ver qué palabras encuentro para darle la noticia a Mario…».

Esperé a que estuviéramos solos en nuestro cuarto de estar y elegí con todo cuidado la manera de explicarle que la biopsia había resultado positiva, pero que la evolución de la enfermedad era muy lenta.

Afortunadamente su respuesta al tratamiento fue extremadamente favorable y los doctores nos dijeron que, si seguía con la medicación y los cuidados apropiados como hasta entonces, el problema se convertiría en una enfermedad crónica que le permitiría seguir haciendo vida normal.

En casa se llevó a rajatabla el tratamiento prescrito por el equipo médico y, tal y como habían pronosticado, Mario continuó haciendo vida normal hasta que el 20 de abril de 2022 se contagió de COVID.

A media mañana le acompañé al Ruber de Juan Bravo en donde, y según un informe que también conservo firmado por la doctora De la Fuente, se le diagnóstico «COVID+ con afectación pulmonar bilateral compatible con neumonía COVID en el contexto clínico». El Ruber pidió permiso a Sanidad para poder administrarle Remdesivir, medicación que reforzaba de manera muy eficaz el sistema inmunológico. Llamé a su hija Morgana para explicarle la situación de su padre y para pedirle que se la transmitiese a sus hermanos. Esa misma tarde Sanidad dio la autorización y se le suministró la medicación. Mario se pasó más de doce horas dormido y de madrugada, cuando se despertó, notó una gran mejoría. Me pidió que llamara a la enfermera para preguntarle si podía comer algo. Estuvimos charlando largo rato hasta que empezó a amanecer. La medicación había hecho efecto y se encontraba francamente bien.

Quiero aclarar que nunca estuvo en coma ni tampoco ingresó en ningún momento en la UVI como su entorno ha hecho creer. Siempre permaneció en planta y solo necesitó oxígeno.

No me separé de él, como también se ha dicho, desde la mañana de su ingreso hasta el mediodía del día siguiente en el que, tanto la doctora Marina de la Fuente como la doctora Marta García, al ver el resultado de mi PCR y mi analítica, y al comprobar que tenía fiebre, me confirmaron que yo también estaba contagiada del maldito virus y que debían ingresarme. Me negué y me dejaron volver a casa, porque me comprometí a seguir desde allí el tratamiento. Me aislé en mi habitación bajo la supervisión diaria de la doctora Isabel Jimeno. Todo eso lo hice porque sentía una gran tranquilidad al saber que Mario se encontraba en manos de magníficos profesionales y porque, sobre todo, sus hijos ya habían llegado a Madrid y estaban haciéndole compañía.

También se ha dicho que abandoné a Mario cuando salió de la clínica, una semana después de su ingreso. No puedo comprender cómo se ha podido dar pábulo a esa mentira cuando se vio perfectamente en televisión cómo Rafael, mi chófer, lo recogía a su salida del hospital, cómo su hija Morgana se despedía de él en la calle, y cómo volvía a mi casa en donde pasó su convalecencia. Él prefirió venirse a Puerta de Hierro en lugar de a su domicilio en la calle Flora, libre de virus y con sus hijos, aun sabiendo que yo me encontraba muy mal y contagiada. De todo ello hay imágenes que lo atestiguan.

A pesar de que los médicos le habían dado serias instrucciones a Mario de permanecer en reposo absoluto durante al menos dos semanas y no moverse de Madrid, su hijo Álvaro, que le había organizado a su padre una serie de conferencias de la FIL en Argentina, con viaje posterior a Uruguay, convenció a Mario para que cumpliera con sus compromisos. Él accedió y, en contra de la rotunda opinión de sus doctores que le consideraban un paciente de alto riesgo, a los pocos días de su salida de la clínica voló hacia esos dos países acompañado de su hijo. Al volver a Madrid de ese viaje, llegó cansadísimo y en bastante peores condiciones de las que estaba cuando se marchó.

Ahora, desgraciadamente, me veo obligada a hablar de dinero, cosa que odio y no hago nunca. No son ciertas las informaciones que han inundado los medios de comunicación y han circulado por las redes sociales asegurando que, durante nuestra relación, Mario aportaba mensualmente 80.000 euros a los gastos de la casa. Me imagino que, con el objetivo de herirme, se utilizó con gran maldad la muy despectiva y muy vulgar expresión de que yo le «cobraba» esa cantidad.

A Mario no le gustaba estar solo y, por eso, cuando dejó su piso de la calle Flora, no duró muchos días en su *suite* del hotel Eurobuilding en Madrid. Recuerdo que una vez que vino a mi casa a comer mantuvo una conversación con su editora, Carmen Balcells, íntima amiga suya a la que, además, consideraba parte de su familia: «Mario, lo que tienes que hacer es irte a vivir a Puerta de Hierro. Estoy segura de que, si se lo dices a Isabel, no te va a poner ninguna pega. Vas a poder recibir tus visitas, hacer tus entrevistas e incluso organizar cenas. Será caro vivir allí, pero tú puedes pagar perfectamente los gastos de esa maravillosa casa y estarás muy feliz».

Quiero aclarar que, cuando se instaló en Miraflores, jamás le pedí que aportase nada, ni que contribuyese en los gastos, ni la cantidad en la que decidió hacerlo. Fue una decisión enteramente suya, aunque influida, como ya he dicho, por Carmen Balcells. Por cierto, su aportación fue infinitamente menor que esos tan traídos y llevados y, sobre todo, inventados «80.000 euros mensuales» y que, además, disminuyó considerablemente con el tiempo sin que yo, en ningún momento, me quejara por ello. No lo hice porque afortunadamente no necesitaba entonces, ni necesito actualmente, ayuda de nadie. Sigo viviendo igual de bien que como lo hacía antes de que Mario se instalara conmigo.

El Nobel, como muchos de nuestros amigos le llamaban, disfrutó encantado de todas las comodidades de la casa; prueba de ello son las imágenes y fotografías que, durante esos casi ocho años, le tomaron en reportajes y entrevistas en la biblioteca, hall y terraza de Miraflores. Tenía chófer y coche cada vez que lo necesitaba, organizaba reuniones allí casi a diario y en mis libros de los menús de las comidas y cenas que Mario dio durante aquella época, aparecen los nombres de escritores, embajadores, políticos y algunas personas a las que yo no conocía, hasta entonces.

Se ha inventado tanto sobre nuestra relación, que me llevaría demasiado tiempo y espacio desmentir todas esas falsas informaciones. No merece la pena porque lo único que realmente me importa es que mi familia y mis amigos, la gente que de verdad quiero, vivieron aquella época con nosotros y conocen la realidad.

Como ya he dicho, he decidido publicar algunas de las muchas cartas que Mario me escribió durante esos casi ocho años que pasamos juntos. Y lo haré también con la que yo le mandé la mañana del lunes 12 de diciembre de 2022, tras una escena de celos infundados, después de pasar varios días sin saber nada de él y a pesar de que, cuarenta y ocho horas antes, el sábado 10 de diciembre, me hiciera llegar las galeradas, que conservo, de su última novela titulada entonces *¿Un champancito, hermanito?* (que posteriormente cambió por *Le dedico mi silencio*) y en las que había escrito una cariñosa dedicatoria preparando, me imagino, su vuelta a Miraflores.

Mi carta se la entregó en mano Rafael, mi chófer y persona de toda mi confianza, que lleva en casa dieciséis años, ese lunes a las once y cuarto de la mañana en la puerta de su piso de la calle Flora cuando Mario, acompañado de su hijo Gonzalo, se disponía a salir hacia la peluquería para cortarse el pelo. En ella le comunicaba, entre otras cosas, que no quería que volviera a mi casa. Mario le pidió a su hijo que le esperara arriba, entró en el ascensor con Rafael y, mientras bajaban, abrió el sobre y empezó a leerla. Ya en el portal Rafael se despidió de él y le dejó sumergido en su lectura.

Las mentiras de las que he hablado en este capítulo son las que más se han difundido en los medios que se han prestado a ello. Lo peor es que se ha hecho sin que ninguno de sus autores se molestara en contrastarlas conmigo.

«Este ha sido el año más feliz de mi vida», Mario Vargas Llosa.
(Primera entrevista conjunta en *¡Hola!* n.º 3732, 10 febrero 2016).

«Todavía sigo esperando la respuesta de Isabel a mi petición de matrimonio», declaración de Mario Vargas Llosa en la fiesta de Vanity Fair.
(En *¡Hola!* n.º 3775, noviembre de 2016).

«Mi vida ahora mismo es maravillosa», Mario Vargas Llosa.
(Diciembre de 2017).

«Isabel y Mario ya pueden casarse». (Portada de *¡Hola!* para la fiesta del 70º cumpleaños del príncipe Carlos, n.º 3875, 7 de noviembre de 2018). Los papeles del divorcio ya estaban en regla incluido el de Perú que consiguió Pedro Cateriano.

«Gracias, Isabel, por renovar en mí esa vocación que creo que es la mejor cosa que me ha pasado en la vida», Mario Vargas Llosa en el homenaje que recibió en el Instituto Cervantes por el décimo aniversario de su Premio Nobel de Literatura. (Noviembre de 2020).

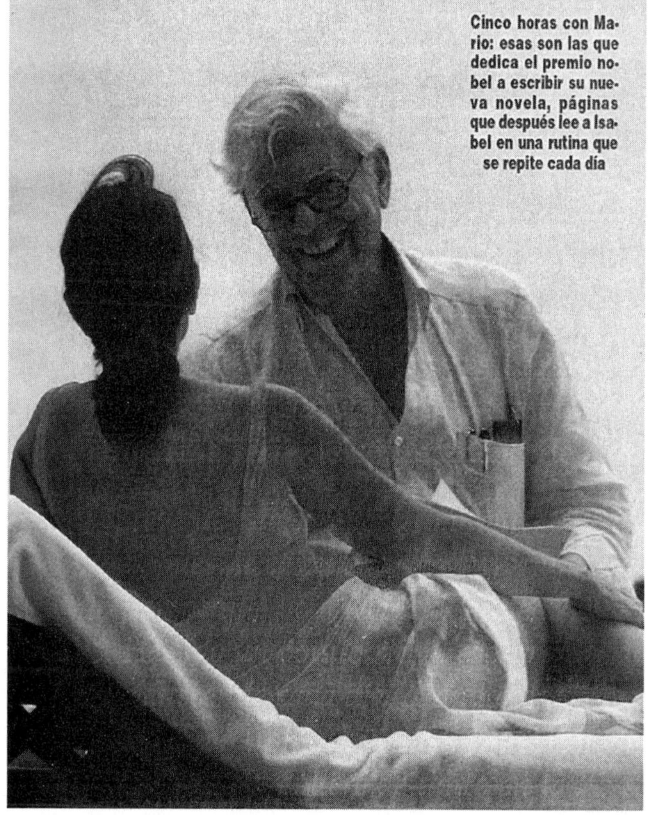

Como se aprecia en la imagen, Mario lee a Isabel cada día las páginas de su nueva novela. (En *¡Hola!* n.º 3760, 24 de agosto de 2016).

«Por fin he sabido que la palabra felicidad tiene nombre y apellido: Isabel Preysler», Mario Vargas Llosa en la celebración de su 80º cumpleaños en Madrid. (Marzo de 2016).

Entre las muchas cartas que Mario me escribió, y que conservo, he escogido cuatro que recibí al principio de nuestra historia de amor y otras cuatro correspondientes a los últimos años de relación. Durante todo ese tiempo, su entorno afirmó rotunda e insistentemente, tanto a los medios como a algunos amigos, que Mario se sentía profundamente desgraciado...

Que el lector saque sus propias conclusiones.

Sobre la mía, la carta que yo le escribí, no voy a hacer ningún comentario. Creo que explica, sin dejar ninguna duda al respecto, los motivos de nuestra ruptura.

21 de marzo de 2015

Isabel querida:

A estas horas debes estar tomando el avión en el que viajarás toda esa larga noche a México. Espero que puedas dormir, tengas un sueño largo y tranquilo, de modo que no sientas el viaje y llegues a esa enorme ciudad sin el atontamiento, el malestar que a mí me producen siempre los viajes largos en avión.

Procuraré llamarte en el día para darte la bienvenida al nuevo mundo y, sobre todo, saber que no hemos perdido el contacto. Una de mis pesadillas, desde hace algún tiempo, es precisamente esa: que quedemos desconectados y no sepa dónde y cómo encontrarte.

Calculo que no podrás leer esta carta antes de dos o tres semanas, cuando esté ya preparando mi regreso a Madrid. Cuento los días para que llegue ese día. Te echo mucho de menos y pienso todo el día en la felicidad que será volver a verte. Ojalá sea en Miami. Nunca imaginé que me haría tanta falta, que, en tan poco tiempo, te hubieras vuelto alguien tan imprescindible, querido en mi vida.

Creo que tu ausencia hace que este país me resulte ahora tan distante. Por la novela que estoy escribiendo he tenido que recorrer los viejos barrios del centro —muy pobres y violentos— y, cada vez, me he sentido un extraño entre extraños, como si hubiera surgido una desavenencia esencial entre ése y mi propio país. En cambio, recuerdo con mucha nostalgia y cariño a Madrid, que está lleno de ti, de recuerdos maravillosos de esos días hermosos en que podía verte casi a diario, en que estaba tan ilusionado y feliz. Con el tiempo, todo lo que hicimos, dijimos en aquellos días toma proporciones míticos, como esas novelas que en la memoria van creciendo y volviéndose más intensos, hermosos que cuando los leímos por primera vez.

Espero que pases unos días bonitos y este [illegible] en México, [illegible]. Te quiero mucho y te mando muchos besos y palabras bonitas para esas orejitas que parecen dos signos perfectos de interrogación,

Mario

21 de marzo de 2015

Isabel querida:

A estas horas debes estar tomando el avión en el que viajarás toda una larga noche a México. Espero que puedas dormir y tengas un sueño largo y tranquilo, de modo que no sientas el viaje y llegues a esa enorme ciudad sin el aturdimiento, el malestar que a mí me producen siempre los viajes largos en avión.

Procuraré llamarte en el día para darte la bienvenida al nuevo mundo y, sobre todo, saber que no hemos perdido el contacto. Una de mis pesadillas desde hace algún tiempo, es precisamente esa: que quedemos desconectados y no sepa dónde y cómo encontrarte.

Calculo que no podrás leer esta carta antes de dos o tres semanas, cuando esté ya preparando mi regreso a Madrid. Cuento los días para que llegue ese día. Te echo mucho de menos y pienso todo el día en la felicidad que será volver a verte. Ojalá sea en Miami. Nunca imaginé que me harías tanta falta, que, en tan poco tiempo, te hubieras vuelto alguien tan imprescindible y querido en mi vida.

Creo que tu ausencia hace que este país me resulte ahora tan distante. Por la novela que estoy escribiendo he tenido que recorrer los viejos barrios del centro —muy pobres y violentos— y, cada vez, me he sentido un extraño entre extraños, como si hubiera surgido una desavenencia esencial entre mí y mi propio país. En cambio, recuerdo con mucha nostalgia y cariño a Madrid, que está lleno de ti, de recuerdos maravillosos de esos días hermosos en que podía verte casi a diario y me sentía tan ilusionado y feliz. Con el tiempo, todo lo que hicimos y dijimos en aquellos días toma proporciones místicas, como esas novelas que en la memoria van creciendo y volviéndose más intensas y hermosas que cuando las leímos por primera vez.

Espero que pases unos días bonitos y entretenidos en México, amor mío. Te quiero mucho y te mando muchos besos y palabras bonitas para esas orejitas que parecen dos signos perfectos de interrogación,

Mario

Lima, 11 de abril 2015

Isabel queridita:

Estuve muy triste hoy día en la tarde. En la mañana trabajé mucho en mi novela, pero al mediodía tuve que ir al campo con amigos españoles y sentí una terrible angustia pensando en lo lejos que estás.

Por fin, con el pretexto de pasear un poco pude alejarme de la gente y durante un buen rato, apartado del resto, estuve recordando la última vez que estuvimos juntos. Me acordé que, por primera vez, mientras me mostrabas la casa de Enrique, te vi mucho rato de espaldas y que me encantó tu manera de caminar. Ahí estaba tu linda silueta, tu cintura de avispa, tus pasos como de danza, balanceándote muy despacio, con mucha gracia, como una bailarina, y acompasando todo el movimiento con el vaivén de los brazos. Era tan bonito, tenía tanta gracia ese deslizante paso que, por momentos, parecía que tus lindos pies ya no tocaban el suelo, que se deslizaban levitando a centímetros del entarimado. Me moría de ganas de acercarme a ti, besarte en el cuello y abrazarte por la cintura, pero no lo hice para no obstruir ese maravilloso espectáculo que es verte caminar.

Amor mío, cada vez descubro en ti cosas bellas, delicadas, pequeños detalles que me llenan de admiración y de felicidad. Y pienso la impagable dicha que será vivir toda mi vida a tu lado, descubriendo cada día uno de los tesoros, maravillosos que hay en ti. Me parece que hace siglos desde la última vez que te tuve, durmiendo en mis brazos, sintiendo latir tu corazón, viendo la lucecita verde que asoma en el fondo de tus ojos por momentos, sintiendo la suavidad sedosa de tu piel. Te extraño, te quiero, el mundo parece vacío, y mi vida cuando no estás conmigo.

El barco sigue navegando por los mares del mundo, y cada día estamos más felices que el anterior. Yo sólo trabajo en las mañanas, desde muy temprano, para poder dedicar el resto del día a adorarte, a consentirte, a buscar cosas que te entretengan y diviertan, a contarte historias y a escuchar las tuyas. Y, a medida que nos vamos conociendo más, nos queremos más, somos más felices. Será maravilloso vivir así, reunidos hasta el fin.

Esta noche me acostaré contigo y te diré cosas hermosas, dulces al oído mientras te hago el amor.

Mario

Lima, 11 de abril de 2015

Isabel querida:

Estuve muy triste hoy día en la tarde. En la mañana trabajé mucho en mi novela, pero al mediodía tuve que ir al carajo, con amigos lejanos y sentí una terrible angustia pensando en lo lejos que estás.

Por fin, con el pretexto de pasear un poco pude alejarme de la gente y durante un buen rato, apartado del resto, estuve recordando la última vez que estuvimos juntos. Me acordé que, por primera vez, mientras me mostrabas la casa de Enrique, te vi mucho rato de espaldas y que me encantó tu manera de caminar. Ahí estaba tu linda silueta, tu cintura de avispa y tus pasos como de danza, balanceándote muy despacio, con mucha gracia, como una bailarina y acompasando todo el movimiento con el vaivén de los brazos. Era tan bonito, tenía tanta gracia ese deslizante tuyo que, por momentos, parecía que tus lindos pies no tocaban el suelo, que se deslizaban levitando a centímetros del entarimado. Me moría de ganas de acercarme a ti y besarte en el cuello y abrazarte por la cintura, pero no lo hice para no destruir ese maravilloso espectáculo que es verte caminar.

Amor mío, cada vez descubro en ti cosas bellas, delicadas, pequeños detalles que me llenan de admiración y de felicidad. Y pienso la impagable dicha que será vivir toda una vida a tu lado, descubriendo cada día uno de los tesoros y maravillas que hay en ti.

Me parece que hace siglos desde la última vez que te tuve desnuda en mis brazos, sintiendo latir tu corazón, viendo la lucecita verde que asoma en el fondo de tus ojos por momentos, sintiendo la suavidad sedosa de tu piel. Te extraño, te quiero, el mundo parece vacío y sin vida cuando no estás conmigo.

El barco sigue navegando por los mares del mundo y cada día somos más felices que el anterior. Yo sólo trabajo por las mañanas, desde muy temprano, para poder dedicar el resto del día a adorarte, a complacerte, a buscar cosas que te entretengan y diviertan, a contarte historias y a escuchar las tuyas. Y, a medida que nos vamos conociendo más, nos queremos más y somos más felices. Será maravilloso vivir así, reinita de los delfines.

Esta noche me reuniré contigo y te diré cosas hermosas y dulces al oído mientras te hago el amor.

Mario

Lima, 14 de abril 2015

Isabel querida:

Creo que esta será la última carta que te escribiré desde Lima, pues he calculado que llegará más o menos al mismo tiempo que yo a Madrid, es decir el próximo miércoles. Ha sido un bonito ritual escribirte todas estas cartas, al amanecer de cada día, cuando estaba todavía a oscuras y oía el mar tronando en las tinieblas. Cuando vivamos juntos, te sorprenderé de tanto en tanto con una cartita de amor que descubrirás bajo tu almohada, o en la servilleta a la hora del desayuno, o en sitios todavía más inesperados.

Me parece mentira que podré verte al fin la próxima semana. Quiero que tengamos una larga y hermosa conversación y tomemos unas decisiones sobre nuestro futuro, amor mío. Yo nunca he estado tan seguro sobre nada como lo estoy contigo. Te quiero y nada me haría más feliz que pasar todo lo que me queda por vivir, a tu lado, admirándote y procurando hacerte feliz. Sé que esa no es una tarea fácil, pero sí es posible si dos personas se quieren y se empeñan ambos en conseguirlo.

Estos últimos días en Lima son terribles por la cantidad de cosas que tengo que hacer antes de partir: artículos, presentaciones, mi novela, la enorme tensión en la que vivo por lo lejos que estás. Apenas descanso, y creo que los pocos momentos de sosiego que tengo son estos, cuando te escribo estas líneas y pienso en ti y —cerrando los ojos— te veo tan bella, tan delicada y tan querida.

Qué revolución has causado en mi vida, amor mío. Cuando menos lo esperaba, ocurrió lo que ocurrió y fue como si empezara a vivir de nuevo. Desde la noche maravillosa de la peletería, mi vida se llenó de juventud, de sueños, de deseos y fue como si por fin empezara a vivir esa vida que secretamente soñé desde que te vi por primera vez (tú dices que en St. Louis, pero yo creo que en Madrid) Es una historia tan bonita que tiene que tener un final feliz.

Te quiero mucho, amor mío,

Mario

Lima, 14 de abril de 2015

Isabel querida:

Creo que esta será la última carta que te escribiré desde Lima, pues he calculado que llegará más o menos al mismo tiempo que yo a Madrid, es decir el próximo miércoles. Ha sido un bonito ritual escribirte todas estas cartas, al amanecer de cada día, cuando estaba todavía a oscuras y oía al mar tronando en las tinieblas. Cuando vivamos juntos, te sorprenderé de tanto en tanto con una cartita de amor que descubrirás bajo tu almohada, o en las servilletas a la hora del desayuno, o en sitios todavía más inesperados.

Me parece mentira que podré verte por fin la próxima semana. Quiero que tengamos una larga y hermosa conversación y tomemos una decisión sobre nuestro futuro, amor mío.

Yo nunca he estado tan seguro sobre nada como lo estoy contigo. Te quiero y nada me haría más feliz que pasar todo lo que me queda de vida a tu lado, adorándote y procurando hacerte feliz. Sé que esa no es una tarea fácil, pero sí es posible si dos personas se quieren y se empeñan ambas en conseguirlo.

Estos últimos días en Lima son horribles por la cantidad de cosas que tengo que hacer antes de partir: artículos, presentaciones, mi novela, la enorme tensión en la que vivo por lo lejos que estás. Apenas duermo y creo que los pocos momentos de sosiego que tengo son estos, cuan-

do te escribo estas líneas y pienso en ti y —cerrando los ojos— te veo tan bella, tan delicada y tan querida.

Qué revolución has causado en mi vida, amor mío. Cuando menos lo esperaba, ocurrió lo que ocurrió y fue como si empezara a vivir de nuevo. Desde la noche maravillosa de la peletera, mi vida se llenó de juventud, de sueños, de deseos y fue como si por fin empezara a vivir con una vida que secretamente soñé desde que te vi por primera vez (tú dices que en St. Louis, pero yo creo que en Madrid). Es una historia tan bonita que tiene que tener un final feliz.

Te quiero mucho, amor mío.

Mario

Londres, 26 de Mayo 2015

Isabel querida, amor mío:

Anoche estuviste, además de bella, tan cariñosa, que me quedé mucho rato pensando con enorme ternura y gratitud en todo lo que hiciste y me dijiste. Pasé, gracias a ti, cerca de dos horas de inmensa felicidad. Y estoy seguro que esta noche estarás bellísima, deslumbrando a todo el mundo y, sobre todo, a este escribidor enamorado.

Pienso en que mañana estaremos juntos todo el día y que esa será una experiencia formidable, en anuncio de las muchas que, espero, tengamos en el futuro.

Te voy a echar mucho de menos esa semana que estaré en Nueva York. No será fácil esa semana familiar, pero me ayudará a sobrellevarla pensar que a partir del 6 de junio volveremos a vernos y ya sin las dificultades del pasado. Empieza otra etapa de mi vida y de la tuya y tenemos que hacer todo lo posible para que esta sea una aventura extraordinaria, que nos enriquezca, nos haga gozar y dé alguna manera nos vacune contra el infortunio. Inventaré toda clase de cosas para tenerte divertida e ilusionada, siempre con proyectos que planearemos (como te gusta a ti) con minucia y rigor, hasta que sean perfectos.

Lo que más pena me da es que no estés conmigo en Princeton la próxima semana, cuando me den el Doctorado honoris causa. Pero aunque no estés allí, yo estaré viéndote, inconfundible en medio de la gente, bella entre las bellas, con esa carita medio burlona y pícara, y esa lucecita verde en el fondo de las pupilas. Me hubiera gustado tanto que celebráramos juntos ese reconocimiento. Pero estoy seguro que habrá muchas otras ocasiones para estar juntos celebrando algo. Por ejemplo, los aniversarios que cumplamos, cuando yo haya conseguido, con tanto amor y tanto mimo, que te vuelvas la mujer más intratable de la creación.

Te quiero mucho y hoy te beso, en cámara lenta, en tus ojitos, en tus hombros, en las manos y en los pies,

Mario

Londres, 26 de mayo de 2015

Isabel querida, amor mío:

Anoche estuviste, además de bella, tan cariñosa, que me quedé mucho rato pensando con enorme ternura y gratitud en todo lo que hiciste y me dijiste. Pasé, gracias a ti, cerca de dos horas de inmensa felicidad. Y estoy seguro que esta noche estarás bellísima, deslumbrando a todo el mundo y, sobre todo, a este escribidor enamorado.

Pienso en que mañana estaremos juntos todo el día y que esa será una experiencia formidable, un anuncio de las muchas que, espero, tengamos en el futuro.

Te voy a echar mucho de menos esa semana que estaré en Nueva York. No será fácil esa reunión familiar, pero me ayudará a sobrellevarla pensar que a partir del 6 de junio volveremos a vernos y ya sin las dificultades del pasado. Empieza otra etapa de mi vida y de la tuya y tenemos que hacer todo lo posible para que esta sea una aventura extraordinaria, que nos enriquezca, que nos haga gozar y de alguna manera nos vacune contra el infortunio. Inventaré toda clase de cosas para tenerte divertida e ilusionada, siempre con proyectos que planearemos (como te gusta a ti) con minucia y rigor, hasta que sean perfectos.

Lo que más pena me da es que no estés conmigo en Princeton la próxima semana, cuando me den el Doctorado Honoris Causa. Pero aunque no estés allí, yo estaré viéndote, inconfundible en medio de la gente, bella entre las bellas, con esa risita medio burlona y pícara, y esa lucecita verde en el fondo de las pupilas. Me hubiera gustado tanto que celebráramos juntos ese reconocimiento. Pero estoy seguro que habrá muchas otras ocasiones para estar juntos celebrando algo. Por ejemplo, los aniversarios que cumplamos, cuando yo haya conseguido, con tanto amor y tanto mimo, que te vuelvas la mujer más intratable de toda la creación.

Te quiero mucho y hoy te beso, en cámara lenta, en tus orejitas, en tus hombros, en las manos y en los pies,

Mario

MARIO VARGAS LLOSA

18 de febrero, 2018

Isabel, amor mío:

Tres años pueden ser una eternidad o el tiempo de un suspiro, y estos tres años que hemos pasado juntos han sido ambas cosas, una larga felicidad, que yo no había conocido hasta ahora, y una experiencia veloz, que a mí me hubiera gustado inmovilizar, eternizar.

Nos conocemos mejor y, estoy seguro, estamos más unidos que nunca, y nuestras vidas se seguirán complementando y uniendo cada día más. Ojalá pueda pasar muchos años más a tu lado sin que me alcance ese deterioro que según el poeta Carlos Germán Belli, al que admiro, "espera su dominio"

MARIO VARGAS LLOSA

sobre todos, se abata también sobre mí. Me alegra saber que tú, cada día más joven y más bella, me sobrevivirás muchos años.

Te quiero mucho, cada día más, y, ahora, además del apasionamiento casi adolescente que sentí por ti desde la primera vez que te vi, allá en St. Louis, Missouri, mi amor es también más sereno, profundo, apoyado en una complicidad que ha ido surgiendo de los días, las horas compartidos, una complicidad profunda que es el mejor alimento cotidiano del amor.

MARIO VARGAS LLOSA

Ya sé que vamos a vivir muchas aventuras más, y espero
que sean tan intensas y felices
como las de estos tres años maravillosos a tu lado.

Muchas cosas bonitas susurradas en tus oídos y muchos
besos,

Mario

18 de febrero, 2018

Isabel, amor mío:

Tres años pueden ser una eternidad o el tiempo de un suspiro, y estos tres años que hemos pasado juntos han sido ambas cosas, una larga felicidad, que yo no había conocido hasta ahora, y una experiencia veloz, que a mí me hubiera gustado inmovilizar, eternizar.

Nos conocemos mejor y, estoy seguro, estamos más unidos que nunca, y nuestras vidas se seguirán complementando y uniendo cada vez más. Ojalá pueda pasar muchos años más a tu lado sin que me alcance ese deterioro que según el poeta Carlos Germán Belli, al que admiro, «espera su dominio» sobre todos, se abata también sobre mí. Me alegra saber que tú, cada día más joven y más bella, me sobrevivirás muchos años.

Te quiero mucho, cada día más, y, ahora, además del apasionamiento casi adolescente que sentí por ti desde la primera vez que te vi, allá en St. Louis, Missuri, mi amor es también más sereno y profundo, apoyado en una complicidad que ha ido surgiendo de los días y las horas compartidas, una complicidad profunda que es el mejor alimento cotidiano del amor.

Ya sé que vamos a vivir muchas aventuras más, y espero que sean tan intensas y felices como las de estos tres años maravillosos a tu lado.

Muchas cosas bonitas susurradas en tus oídos y muchos besos,

Mario

MARIO VARGAS LLOSA

18 de febrero 2019

Isabel, amor mío:

Parece mentira que hayan pasado ya cuatro años que estamos juntos. Se han pasado corriendo, como pasa el tiempo cuando uno es feliz y yo lo he sido y lo soy a tu lado, como no creo haberlo sido nunca antes. No recuerdo un período comparable, en el que, gracias a ti, he sentido que la vida tenía sentido, era bella, y valía la pena gozar de ella, y aprovecharla. Nunca antes he escrito con tanto entusiasmo, y sentido que todo, incluso las cosas más triviales, valían la pena y tenían un sentido.

Cuatro años son muchas semanas y días, y, sin embargo, creo que nunca en todo este tiempo, he sentido esos decaimientos que antaño solían caerme encima cada cierto

MARIO VARGAS LLOSA

tiempo, esos períodos en que uno se pregunta si tiene sentido seguir haciendo lo que hace, cuando todo, al fin y al cabo, se lo llevará el viento.

Gracias amor mío por todo lo que me has dado y sé que me seguirás dando, esta alegría de vivir, de pequeñas felicidades en todo lo que hacemos y planeamos juntos. Creo que ahora nos parecemos mucho, pues nos hemos ido acercando y completando el uno al otro, al extremo de que a veces pienso que te he conocido y querido desde siempre.

Feliz cumpleaños, corazón, y que cumplas muchos, muchos otros.

Te quiero,

Mario

18 de febrero 2019

Isabel, amor mío:

Parece mentira que hayan pasado ya cuatro años que estamos juntos. Se han pasado corriendo, como pasa el tiempo cuando uno es feliz. Y yo lo he sido y lo soy a tu lado, como no creo haberlo sido nunca antes. No recuerdo un periodo comparable, en el que, gracias a ti, he sentido que la vida tenía sentido, era bella, y valía la pena gozar de ella, y aprovecharla. Nunca antes he escrito con tanto entusiasmo, y sentido que todo, incluso las cosas más triviales, valían la pena y tenían un sentido.

Cuatro años son muchas semanas y días, y, sin embargo, creo que nunca en todo este tiempo, he sentido esos desánimos que antaño solían caerme encima cada cierto tiempo, esos períodos en que uno se pregunta si tiene sentido seguir haciendo lo que hace, cuando todo, al fin y al cabo, se lo llevará el viento.

Gracias amor mío por todo lo que me has dado y sé que me seguirás dando, esta alegría de vivir, de pequeñas felicidades en todo lo que hacemos y planeamos juntos. Creo que ahora nos parecemos mucho, pues nos hemos ido acercando y completando el uno al otro, al extremo de que a veces pienso que te he conocido y querido desde siempre.

Feliz cumpleaños, corazón, y que cumplas muchos, muchos otros.

Te quiero,

Mario

MARIO VARGAS LLOSA

Madrid, 18 de febrero 2021

Isabel, amor mío:

Parece mentira que llevemos ya seis años juntos. Se ha pasado tan rápido que apenas me doy cuenta de todos los días, semanas y meses que lo componen. Gracias a ti, he sido muy feliz, más, creo, que en el resto de la vida. Ha sido mucho más fácil de lo que pensaba acostumbrarme a tu casa, a tu familia, y ha sido posible gracias a ti, a tu cariño, a tu delicadeza y a tu amor. Creo que he trabajado mucho, desde el principio, gracias a ti, al cuidado que has tenido para hacerme la vida fácil, y porque desde el primer momento comprendiste que mi trabajo es esencial para la organización de mi vida, que sin leer ni escribir la vida no sería para mí otra cosa que una pesadilla.

Llevamos ya un año de coronavirus y estamos vivos. ¿Tiene algo que ver el amor con esta supervivencia? Seguramente, sí. Te quiero mucho, te querré siempre, hasta el último día. Feliz cumpleaños, amor mío.

Mario

Madrid, 18 de febrero 2021

Isabel, amor mío:

Parece mentira que llevemos ya seis años juntos. Se ha pasado tan rápido que apenas me doy cuenta de todos los días, semanas y meses que lo componen. Gracias a ti, he sido muy feliz, más, creo, que en el resto de la vida. Ha sido mucho más fácil de lo que pensaba acostumbrarme a tu casa, a tu familia, y ha sido posible gracias a ti, a tu cariño, a tu delicadeza y a tu amor. Creo que he trabajado mucho, desde el principio, gracias a ti, al cuidado que has tenido para hacerme la vida fácil, y porque desde el primer momento comprendiste que mi trabajo es esencial para la organización de mi vida, que sin leer ni escribir la vida no sería para mí otra cosa que una pesadilla.

Llevamos ya un año de coronavirus y estamos vivos. ¿Tiene algo que ver el amor con esta supervivencia? Seguramente, sí. Te quiero mucho, te querré siempre, hasta el último día. Feliz cumpleaños, amor mío.

Mario

MARIO VARGAS LLOSA
ISABEL PREYSLER

Isabel querida:

Es la primera vez que celebramos tu cumpleaños en un avión. Pero han pasado ya casi siete años y creo que somos muy felices y nuestra "liaison" está bien asentada y durará todo lo que haga falta. Somos felices hasta donde la felicidad es posible en esta vida y creo que lo seremos los años que nos faltan por vivir.

Quiero hablarte de la novela que estoy escribiendo para ti. Es una novela que viene de muchos años, en la que he pensado mucho, y que sin duda me tomará mucho tiempo todavía. Pero ahora —por fin— la tengo claro y quiero ponerla a tus pies cuando la termine. Su personaje es un autor de segundo orden, que se ha vuelto un experto en música peruana. Tiene una idea un tanto absurda: que la "huachafería" es el gran aporte del Perú a la cultura universal, y escribe este libro para demostrarlo. No lo consigue por supuesto, pero la obra que realiza es de alguna manera la tesis que ha sostenido toda su vida. Creo que será mi mejor libro y quiero dedicártelo con todo mi amor. Porque te quiero mucho y te querré siempre, hasta el último día. Ojalá esté contigo en ese momento decisivo, en el que uno se despide de esta vida, rumbo a la otra (que no existe).

Lo único que tengo claro, para ese incierto futuro, es que quiero pasarlo contigo, a tu lado, queriéndote cada día más. Siento que las fuerzas me van abandonando poquito a poco, pero espero que no se vayan del todo mientras escribo esta novela que te dedicaré como testimonio de la felicidad que me has dado en estos años, y que, espero, me darás todavía en los que espero vivir a tu lado y queriéndote cada día más.

Feliz cumpleaños, amor mío, y espero que tu próximo cumpleaños sea más grato y alegre que éste, que hemos pasado entre los virus.

Te quiero y te querré siempre

Mario

Isabel querida:

Es la primera vez que celebramos tu cumpleaños en un avión. Pero han pasado ya casi siete años y creo que somos muy felices y nuestra «liaison» está bien asentada y durará todo lo que haga falta. Somos felices hasta donde la felicidad es posible en esta vida y creo que lo seremos los años que nos faltan por vivir.

Quiero hablarte de la novela que estoy escribiendo para ti. Es una novela que viene de muy atrás, en la que he pensado mucho, y que sin duda me tomará mucho tiempo todavía. Pero ahora —por fin— la tengo claro y quiero ponerla a tus pies cuando la termine. Su personaje es un autor de segundo orden, que se ha vuelto un experto en música peruana. Tiene una idea un tanto absurda: que la «huachafería» es el gran aporte del Perú a la cultura universal y escribe este libro para demostrarlo. No lo consigue por supuesto, pero la obra que realiza es de alguna manera la tesis que ha sostenido toda su vida. Creo que será mi mejor libro y quiero dedicártelo con todo mi amor. Porque te quiero mucho y te querré siempre, hasta el último día. Ojalá estés conmigo en ese momento decisivo, en el que uno se despide de esta vida, rumbo a la otra (que no existe).

Lo único que tengo claro para ese incierto futuro es que quiero pasarlo contigo, a tu lado, queriéndote cada día más. Siento que las fuerzas me van abandonando poquito a poco pero espero que no se vayan del todo mientras escribo esta novela que te dedicaré como testimonio de la felicidad que me has dado en estos años, y que, espero, me darás todavía en los que espero vivir a tu lado y queriéndote cada día más.

Feliz cumpleaños, amor mío, y espero que tu próximo cumpleaños sea más grato y alegre que éste, que hemos pasado entre las nubes.

Te quiere y te querrá siempre

Mario

* Mario escribió esta carta el 18 de febrero de 2022 (unos meses antes de que rompiéramos), en el vuelo de Nueva York a Madrid, de Iberia, y me la entregó junto con su regalo al llegar a casa, cuando todavía nuestra relación no se había deteriorado.

ISABEL PREYSLER

12 de Diciembre de 2022

Querido Mario,

Después de unos años en los que hemos sido muy felices, la situación entre nosotros se ha ido deteriorando. Estarás de acuerdo conmigo en que nuestra relación no se parece en nada a la que teníamos al principio de los casi ocho años que llevamos juntos. Hemos perdido ilusión, complicidad, alegría y se ha hecho más difícil la comunicación entre nosotros. Y como, afortunadamente, no estamos casados porque no acepté tus proposiciones durante el tiempo de felicidad, ni tenemos hijos ni intereses en común que nos obliguen a permanecer juntos cuando ya no estamos bien el uno con el otro, lo mejor es que demos por terminada esta relación ya tan cargada de costumbre y de rutina.

Me cuesta encontrar las palabras adecuadas para explicarte el asombro que me produjo tu ridícula escena de celos la noche después de la fiesta de Moët & Chandon. ¿Cómo pudiste decirme levantando la voz, a lo que no estoy acostumbrada, que me estaba tomando "demasiadas libertades"?

Sabes perfectamente que era una fiesta a la que acudí porque formaba parte de mi trabajo y que, además, lo hice acompañada de mi hija Ana. Y utilizo el adjetivo de ridícula porque, a nuestra edad y en nuestro caso, las escenas de celos infundadas están totalmente fuera de lugar y dan hasta vergüenza.

Pero no quedó ahí la cosa: al día siguiente y cuando ya estaba sentada en la mesa esperándote para cenar, me enteré por el servicio que te habías ido a vivir a Flora. Y, asombrosamente, un par de días después y sin que te hubieras molestado en dar señales de vida, apareció Vanesa buscando tu pasaporte y algo de ropa.

ISABEL PREYSLER

Mira Mario, yo estoy acostumbrada desde siempre a vivir en un hogar rodeada de gente amable, cariñosa, desinteresada, nada egoísta y, sobre todo, educada. El origen social y el nivel economico diferente en dos personas que deciden vivir juntas no tiene importancia. Lo que de verdad hace imposible la convivencia es la mala educación y tú estás muy mal educado. Mi casa no es un hotel en el que las personas van y vienen sin tener en cuenta a los demás y yo no voy a soportar tus idas y venidas sin, por lo menos, una explicación.

Ya lo hiciste una vez, también por otra escena de celos por la misma causa: otra fiesta del mundo de la moda a la que fui por trabajo con mi hija Tamara. En esa ocasión te acogí en mi casa cuando decidiste volver. Te reproché entonces tu egoísmo y tu mala educación a pesar de que debido a tu soberbia ni siquiera me pediste perdón. Esta ha sido la segunda vez que lo has hecho pero no va a haber una tercera porque, por respeto a mí misma y porque no me lo merezco, no voy a dar por bueno tu comportamiento que considero totalmente inaceptable.

Por favor, manda a alguien a recoger todas tus cosas.

Un abrazo,

Isabel

* Esta es la foto que hice a la carta con mi móvil antes de enviársela a Mario.

12 de diciembre de 2022

Querido Mario:

Después de unos años en los que hemos sido muy felices, la situación entre nosotros se ha ido deteriorando. Estarás de acuerdo conmigo en que nuestra relación no se parece en nada a la que teníamos al principio de los casi ocho años que llevamos juntos. Hemos perdido ilusión, complicidad, alegría y se ha hecho más difícil la comunicación entre nosotros. Y como, afortunadamente, no estamos casados porque no acepté tus proposiciones durante el tiempo de felicidad, ni tenemos hijos ni intereses en común que nos obliguen a permanecer juntos cuando ya no estamos bien el uno con el otro, lo mejor es que demos por terminada esta relación ya tan cargada de costumbre y de rutina.

Me cuesta encontrar las palabras adecuadas para explicarte el asombro que me produjo tu ridícula escena de celos la noche después de la fiesta de Moët & Chandon. ¿Cómo pudiste decirme levantando la voz, a lo que no estoy acostumbrada, que me estaba tomando «demasiadas libertades»?

Sabes perfectamente que era una fiesta a la que acudí porque formaba parte de mi trabajo y que, además, lo hice acompañada de mi hija Ana. Y utilizo el adjetivo de ridícula porque, a nuestra edad y en nuestro caso, las escenas de celos infundados están totalmente fuera de lugar y dan hasta vergüenza.

Pero no quedó ahí la cosa: al día siguiente y cuando ya estaba sentada en la mesa esperándote para cenar, me enteré por el servicio que te habías ido a vivir a Flora. Y, asombrosamente, un par de días después y sin que te hubieras molestado en dar señales de vida, apareció Vanesa buscando tu pasaporte y algo de ropa.

Mira Mario, yo estoy acostumbrada desde siempre a vivir en un hogar rodeada de gente amable, cariñosa, desinteresada, nada egoísta y, sobre todo, educada. El origen social y el nivel económico diferente en dos personas que deciden vivir juntas no tiene importancia. Lo que de verdad hace imposible la convivencia es la mala educación y tú estás muy mal educado. Mi casa no es un hotel en el que las personas van y vienen sin tener en cuenta a los demás y yo no voy a soportar tus idas y venidas sin, por lo menos, una explicación.

Ya lo hiciste una vez, también por otra escena de celos por la misma causa: otra fiesta del mundo de la moda a la que fui por trabajo con mi hija Tamara. En esa ocasión te acogí en mi casa cuando decidiste volver. Te reproché entonces tu egoísmo y tu mala educación a pesar de que debido a tu soberbia ni siquiera me pediste perdón. Esta ha sido la segunda vez que lo has hecho pero no va a haber una tercera porque, por respeto a mí misma y porque no me lo merezco, no voy a dar por bueno tu comportamiento que considero totalmente inaceptable.

Por favor, manda a alguien a recoger todas tus cosas.

Un abrazo

Isabel

1

MARIO VARGAS LIOSA

¿Un champancito, hermanito?

A Isabel, con todo mi cariño

LIMA

2022

Primera página de las galeradas de la última novela de Mario titulada en un principio *¿Un champancito, hermanito?* y que finalmente cambió por *Te dedico mi silencio.* Las recibí dos días antes de enviarle mi carta pidiéndole que no volviera a mi casa.